La agonía de Francia

Manuel Chaves Nogales

La agonía de Francia

Prólogo de Francisco Cánovas Sánchez

Alianza editorial
El libro de bolsillo

Diseño de colección: Estrada Design
Diseño de cubierta: Manuel Estrada
Ilustración de cubierta: © Keystone-France/Getty Images
Fotografía del autor: © Archivo ABC

PAPEL DE FIBRA
CERTIFICADA

© del prólogo: Francisco Cánovas Sánchez, 2025
© Alianza Editorial, S. A., 2025
    Calle Valentín Beato, 21
    28037 Madrid
    www.alianzaeditorial.es

ISBN: 978-84-1148-905-8
Depósito legal: M. 119-2025
Printed in Spain

Si quiere recibir información periódica sobre las novedades de Alianza Editorial, envíe
un correo electrónico a la dirección: alianzaeditorial@anaya.es

Índice

Prólogo

Manuel Chaves Nogales es uno de los mejores periodistas españoles del siglo XX. Sus artículos y reportajes fueron publicados en importantes medios de comunicación españoles, europeos y americanos como *Ahora, Heraldo de Madrid, El Sol, Estampa, L'Europe Nouvelle, Marianne, Bohemia, La Nación, Sucesos para todos, El Tiempo* y *Jornal de Brasil*. Asimismo, realizó programas radiofónicos en *Radio París* y la BBC británica. Gracias a su talento y su capacidad, convirtió *Ahora* en el periódico más importante de la Segunda República.

Chaves Nogales fue uno de los protagonistas, junto a Gaziel, Araquistáin, Bello, Pla, Ruano y Camba, de la «edad de oro del periodismo». La aplicación de los avances generados por la linotipia, el huecograbado, la fotografía, el teléfono y la radio, el desarrollo educativo y cultural, el ejercicio del sufragio universal, la renovación de las estructuras empresariales y el incremento del número de lectores favorecieron la aparición de nuevos medios de comunicación y la valoración profesional de los periodistas. Chaves Nogales aprovechó este propicio contexto para renovar el periodismo, anticipando algunos de los aspectos característicos del «nuevo periodismo» que años después desarrollaron Rodolfo Walsh, Truman Capote y Gay Talese. Decía que su trabajo consistía en «andar y contar», «andar» para ir a los lugares donde surgían las noticias y «contar» historias basadas en hechos reales, con un lenguaje esmerado, literario y veraz. Y todo ello lo hacía con el propósito de «avivar el espíritu de los lectores», facilitarles el conocimiento de los grandes temas de su tiempo y proporcionarles las herramientas informativas necesarias para actuar de forma consciente y cabal. «En nuestros días —ha escrito Rafael Narbona— Manuel Chaves Nogales sería una figura molesta. Los periódicos ya no quieren voces independientes e intempestivas, sino plumas dispuestas a ser el eco de los discursos vacíos y vergonzosamente sesgados»[1].

Sin duda, su principal contribución fueron las crónicas, los relatos y reportajes sobre la Revolución rusa, la Alemania de Hitler, la Segunda República española, la Guerra Civil española, la Segunda Guerra Mundial y el exilio, en los que se advierte la interacción dinámica que hay entre su biografía, su tiempo y su obra. Son crónicas escritas desde el presente, con la urgencia requerida por el trabajo periodístico, que ofrecen testimonios lúcidos, valientes y premonitorios de la Europa de entreguerras, de la enconada lucha entre la barbarie y la civilización que desató la mayor catástrofe del mundo contemporáneo.

1. R. Narbona (2023): «Incómodo Chaves Nogales», *El Cultural,* 2 de junio de 2023.

Chaves Nogales manifestó muchas veces que las guerras constituyen una catástrofe donde la condición humana saca a relucir su faz más irracional, violenta y desmedida. Y, no menos importante, afirmó que el recurso a la guerra revelaba la derrota de la inteligencia y los valores, como expresó en sus reflexiones sobre la batalla de Madrid:

> Allí, en aquel ambiente de la Ciudad Universitaria, la guerra civil era ostensiblemente el símbolo elocuente del fracaso de nuestra cultura y nuestra civilización[2].

Y en aquella encrucijada crítica, en aquel fracaso colectivo, el periodista sevillano trató de hacer una labor de sensibilización para apaciguar los ánimos, neutralizar las manifestaciones extremistas y poner fin a aquella guerra entre españoles a través de una mediación razonable.

Sus artículos de la serie *Cuando estalle la paz* son muy interesantes. En ellos procede a reflexionar sobre el futuro inmediato, tras la finalización de la Segunda Guerra Mundial. A su juicio, los ciudadanos europeos albergaban el anhelo de construir un «mundo mejor», en el que pudieran alcanzar

> una vida más rica, más amplia, más llena de sentido [...]. Hoy en Gran Bretaña —prosigue— nadie cree en ningún redentor. Pero todo el mundo cree más que nunca en sí mismo. Esto es, quizás, lo mejor que la guerra va a dejarnos. La esperanza más firme que tenemos para cuando estalle la paz.

---

2. M. Chaves Nogales (2020) [1938]: *Los secretos de la defensa de Madrid*, en lo sucesivo M. Ch. N., *Obra completa*, Ignacio F. Garmendia, edit., volumen 4, Libros del Asteroide y Diputación de Sevilla, pág. 564.

Esta convicción era, a su juicio, la consecuencia más importante de aquella «guerra total» que había causado millones de muertos[3].

Chaves Nogales fue también un excelente escritor. Sus obras *La agonía de Francia, A sangre y fuego, Los secretos de la defensa de Madrid* y *El maestro Juan Martínez que estaba allí* tienen una excelente escritura, un ritmo narrativo fluido y una gran riqueza temática, que conjugan la actualidad de la crónica periodística y la belleza literaria. Chaves creía que la cultura no debía ser un privilegio de unos pocos, sino un bien esencial que facilitara el acceso al conocimiento, que fomentara la reflexión y ofreciera a los ciudadanos las claves para construir un mundo mejor. El compromiso cultural, tal como lo concebía su admirado Benito Pérez Galdós, impregnó su quehacer periodístico y literario.

A través de sus escritos mostró sus ideas humanistas, su valoración del trabajo bien hecho, la responsabilidad personal, el respeto al otro y la lección de la mesura, como desveló en un brillante fragmento del relato «El hombrecito de la limalla de oro», publicado en 1926:

> Yo te enseñaré –le susurró al oído un abuelo a su nieto– a tomar el gusto a la vida. Aprenderás de mí el buen ver, la buena manera de mirar. Conocerás el encanto de la limitación, del deber cumplido y del trabajo bien terminado. Artesano, artífice o artista, ama más que nada esta penumbra civil que salva del turbión de la gente desatada. No pierdas la medida de lo humano. Que no te inquiete la grandeza del mundo ni te tiente ningún heroísmo. Desprecia el bien y el mal, vive de verdad, a cuerpo

---

3. M. Ch. N., *Obra completa, op. cit.*, volumen 5, pág. 587.

y alma limpios, y no huyas el dolor con salvajes terrores. Si tu dolor es tuyo, ¿por qué has de hurtarte a él? Esto es todo lo que puedo darte, lo único que hasta aquí se ha salvado. Heredé la fe en el esfuerzo; aumenté el patrimonio con esta incorporación del dolor. Acaso tú consigas algo más. ¡Nos falta ya tan poco para la felicidad![4]

Estas dotes sobresalientes de periodista y escritor estaban sustentadas en su recia personalidad, su ímpetu irrefrenable, su capacidad de trabajo y su disposición emprendedora, así como en su sólida cultura, su compromiso con la verdad y, como ya dijimos, su fe en el diálogo y la concordia.

El rechazo de Chaves Nogales de los totalitarismos fascista y estalinista ha llevado a algunos autores a afirmar que forma parte de la «Tercera España». A este respecto, hay que cuestionar el reduccionismo que simplifica la fórmula de una España partida en dos o en tres, porque, en todas las épocas, siempre ha existido un evidente pluralismo de ideas, aspiraciones e intereses que ha informado la vida pública. Así, en la época de Chaves Nogales, en el espacio político configurado por la España conservadora, Antonio Maura, Francesc Cambó y, años después, José María Gil-Robles propugnaron proyectos de país que contienen notables diferencias. Otro tanto sucedió en el espacio político del liberalismo democrático progresista, en el que podemos incluir los idearios y los programas de José Canalejas, Segismundo Moret y Manuel Azaña, e incluso del socialde-

---

4. «El hombrecito de la limalla de oro», en *El Liberal*, 8 de julio de 1926. Asimismo, en M. Ch. N., *Obra completa*, volumen 2, *op. cit.*, págs. 527-528.

mócrata Indalecio Prieto, que se proclamaba «socialista, a fuer de liberal». En la Guerra Civil se produjo una inevitable trinchera bélica, pero en aquella experiencia trágica pervivió el pluralismo ideológico y político. Chaves Nogales defendió una república democrática que conciliara las libertades ciudadanas, el respeto de la legalidad y la justicia social. Esa fue su posición inequívoca durante la Segunda República, la Guerra Civil y el exilio. En los últimos años de su vida tuvo la convicción de que la derrota de Hitler y Mussolini en la Segunda Guerra Mundial representaría el final del régimen franquista y la recuperación de la democracia[5].

Hacia 1920, tras la finalización de la Primera Guerra Mundial, el sistema democrático se desenvolvía de forma satisfactoria en muchos países europeos. Los acuerdos suscritos en las conferencias de paz parecían augurar una etapa de prosperidad, estabilidad y concordia. Sin embargo, al cabo de unos años estas perspectivas optimistas desaparecieron y dieron paso a una etapa de crisis, polarización y guerra. ¿Qué pasó en estos años para que se desarrollara este singular proceso? Muchos campesinos se desplazaron buscando oportunidades de trabajo en las grandes ciudades, que no se dotaron de las infraestructuras necesarias para atender las exigencias de su crecimiento. El crac de la bolsa de Nueva York de 1929 originó una depresión internacional que perturbó la actividad económica y multiplicó el número de desempleados. El nacionalismo exacerbó el antagonismo con-

---

5. *Vid.* F. Cánovas Sánchez (2023): *Manuel Chaves Nogales. Barbarie y civilización en el siglo XX,* Madrid, Alianza Editorial, págs. 379-381.

tra las minorías étnicas. La visión del futuro, como comenta Bernard Wasserstein, hacía presagiar lo peor:

> El aparente colapso del capitalismo, el desprestigio de las normas sociales burguesas, los retos a las verdades morales cristianas, los movimientos de refugiados a gran escala, el fracaso palpable del sistema del derecho internacional basado en la Sociedad de Naciones, así como la sombra de una nueva guerra mundial, todo ello creó un ambiente general de inseguridad y desorientación en los años treinta, años que Auden llamó «la era de la Angustia»[6].

En este contexto, se desarrolló un creciente giro conservador que alentó la destrucción de la democracia en Alemania, Italia, España, Portugal, Grecia y otros países. La República de Weimar, aniquilada por la dictadura de Adolf Hitler, constituye el arquetipo de este proceso.

> La incapacidad del orden capitalista liberal para evitar el desastre económico —resalta Julián Casanova— hizo crecer el extremismo político, el nacionalismo violento y la hostilidad al sistema parlamentario [...]. La cultura del enfrentamiento se abría paso en medio de una falta de apoyo popular a la democracia. Los extremos dominaban al centro y la violencia a la razón[7].

En Francia, el movimiento ultranacionalista adquirió una creciente proyección pública. La reacción de la extrema de-

---

6. B. Wasserstein (2010): *Barbarie y civilización. Una historia de la Europa de nuestro tiempo*, Barcelona, Ariel, pág. 236.
7. J. Casanova (2011): *Europa contra Europa. 1914-1945*, Barcelona, Crítica, págs. 15 y 23.

recha contra la intervención de los intelectuales progresistas en la defensa del capitán Alfred Dreyfus impulsó en 1898 la fundación de Action Française. Su principal ideólogo fue Charles Maurras, emisor de un discurso que mezclaba el nacionalismo, el monarquismo, el militarismo y el catolicismo. En ese entorno, surgieron organizaciones de orientación fascista como los Camelots du Roi, los Jeunesses Patriotes y los Croix de Feu, que atacaron con virulencia a la democracia parlamentaria y a los judíos, los masones, los socialistas y los comunistas, presuntos culpables de los «males de la patria». El 6 de febrero de 1934 una manifestación antidemocrática se dirigió hacia la plaza de la Concordia de París, separada de la Asamblea Nacional por el río Sena. Durante varias horas se produjeron duros enfrentamientos entre los manifestantes y la policía que causaron 17 muertos y 2300 heridos. Estos disturbios produjeron una gran conmoción política que provocó la dimisión de Édouard Daladier, jefe del gobierno.

Al acentuarse la crisis económica, los sucesivos gobiernos franceses aplicaron políticas deflacionistas que incrementaron el gasto público y redujeron la actividad comercial. En 1935 Pierre Laval expresó su disposición a «salvar el franco», pero sus medidas no consiguieron restaurar la confianza y no frenaron la fuga de capitales.

Entre tanto, las actividades de la extrema derecha, la consolidación de las dictaduras fascistas en Italia y Alemania y las políticas antisociales adoptadas por los gobiernos conservadores movilizaron a los intelectuales, que constituyeron en marzo de 1934 el Comité de Vigilancia de los Intelectuales Antifascistas. Una de sus principales iniciativas fue la celebración al año siguiente en París del Congreso

Internacional de Escritores por la Defensa de la Cultura, al que acudieron más de doscientos escritores de treinta y ocho países. El Congreso tenía el objetivo de debatir «los fundamentos vitales del ser humano». Para ello, se crearon las secciones «La herencia cultural», «Humanismo», «Nación y cultura», «Individuo», «Dignidad del pensamiento», «Función social del escritor», «La creación literaria» y «La acción de los escritores para la defensa de la cultura». Entre los participantes franceses destacaron André Gide, con su ponencia sobre «Defensa de la cultura», y André Malraux, que disertó sobre «La obra de arte». La delegación española estaba integrada por Arturo Serrano Plaja, Andrés Carranque de Ríos y Julio Álvarez del Vayo, que protagonizó la única intervención sobre «Defensa de la cultura», en la que denunció la violenta represión gubernamental de la rebelión obrera asturiana de 1934. El Congreso acordó la creación de la Asociación Internacional de Escritores para la Defensa de la Cultura, cuyo comité internacional fue integrado por relevantes personalidades como André Gide, Henri Barbusse, Romain Rollan, Heinrich Mann, Máximo Gorki, Edward Morgan Foster, Aldous Huxley, George B. Shaw, Sinclair Lewis, Selma Lagerlof y Ramón María del Valle-Inclán[8]. Esta dinámica propició la convergencia de los radicales, los socialistas y los comunistas, que suscribieron a principios de 1936 un programa político que demandaba la rectificación de la política económica, la nacionalización del Banco de Francia, la reducción de la jornada laboral, la

---

8. *Vid.* M. Aznar Soler (2010): *República literaria y revolución (1920-1939),* volumen I, Sevilla, Renacimiento, págs. 274 y ss. Cfr. Mancebo, M. F. (2000): «Tres congresos internacionales para la defensa de la cultura», Biblioteca Virtual Miguel de Cervantes, edición digital.

mejora de la capacidad adquisitiva de las clases medias y trabajadoras y la ampliación de la escolaridad obligatoria.

Las elecciones parlamentarias celebradas a doble vuelta el 26 de abril y el 3 de mayo concedieron al Frente Popular una mayoría de 409 escaños en la Asamblea Nacional. El partido más votado fue el Socialista, que consiguió 147 escaños. A consecuencia de ello, Léon Blum, líder de la Sección Francesa de la Internacional Obrera (SFIO), formó el Gobierno más progresista del periodo de entreguerras. «Burgués y marxista, judío y humanista, *normalien* y esteta, moralista y defensor de la igualdad sexual, Blum se hallaba al frente de un partido de obreros, campesinos, maestros y *fonctionnaires*, que si bien perseguían objetivos revolucionarios, defendía el parlamentarismo legal»[9]. El nuevo Gobierno fue integrado por socialistas y radicales y, por primera vez, tres mujeres, Cécile Brunschvicg, Suzanne Lacore y Irène Joliot-Curie, adquirieron la condición de ministras. El Partido Comunista, cumpliendo las órdenes del Komintern, permaneció fuera del Gobierno.

Blum priorizó la mejora de las condiciones laborales de los trabajadores. A este fin, suscribió con los representantes de los empresarios y los sindicatos los Acuerdos de Matignon que establecieron la semana laboral de cuarenta horas, la negociación colectiva, el reconocimiento de los derechos sindicales, los tribunales de arbitraje, la subida de los salarios y el derecho a tener dos semanas de vacaciones pagadas. Estas medidas fueron complementadas después con la aprobación de un programa de obras públicas, el establecimiento de la educación obligatoria hasta los catorce años y la disolución

9. B. Wasserstein (2010), *op. cit.*, pág. 249.

de las ligas fascistas. La crisis económica condicionó el desarrollo de este programa. La disminución de la producción y de las reservas de oro y la fuga de capitales generaron la necesidad de realizar tres devaluaciones sucesivas del franco, con el consiguiente deterioro de la imagen del Gobierno.

Dada la incierta coyuntura internacional y la creciente presión belicista de Adolf Hitler, Blum procedió a ampliar el presupuesto de las fuerzas armadas, lo cual le obligó a hacer una «pausa» en el desarrollo de las políticas sociales, «pausa» que, a su juicio, no era una «retirada» sino una fase de «consolidación prudente». La extrema derecha le acusó de llevar a cabo un rearme insuficiente y de ser el responsable de la crisis económica y la extrema izquierda promovió manifestaciones de protesta exigiendo la ampliación de las medidas sociales. Tras denegar el Senado al Gobierno la disposición de poderes extraordinarios para afrontar la crisis económica y perder el respaldo de los ministros radicales, Léon Blum, cuando apenas había transcurrido algo más de un año al frente del Ejecutivo, presentó la dimisión.

Los sucesivos gobiernos franceses fueron desbordados por la problemática económica, social y política. Blum fue sustituido por Camille Chautemps, ministro de Estado en el Gobierno del Frente Popular. Una de las medidas más importantes que adoptó fue la nacionalización de los ferrocarriles franceses, que pasaron a ser gestionados por la Société Nationale des Chemins de Fer Français. Además, en julio de 1937, promulgó una ley que otorgaba facultades al Departamento de Inspección de Talleres para ordenar intervenciones médicas temporales. Chautemps dimitió en marzo de 1938, poco antes de que se produjera el *Anschluss,* la anexión de Austria por parte de la Alemania nazi.

Édouard Daladier, jefe del Partido Radical, accedió de nuevo a la jefatura del Gobierno. Gracias a las medidas de emergencia adoptadas, revisó las reformas sociales y consiguió plenos poderes para afrontar la crisis. La ruptura del Gobierno y las organizaciones del Frente Popular se materializó en noviembre con la convocatoria de una huelga general. En 1939 promulgó leyes de apoyo a la familia, la vivienda y la descentralización. Ante el peligro de que se iniciara la guerra, el 2 de septiembre decretó la movilización general de los franceses.

La debilidad de la democracia alcanzó su punto más crítico cuando los jefes de Gobierno de Gran Bretaña y de Francia, Neville Chamberlain y Édouard Daladier, se reunieron con Hitler y Mussolini en Múnich el 29 de septiembre de 1938 y acordaron sacrificar la República de Checoslovaquia, ocupada por el ejército nazi alemán unos meses después. La incapacidad de los dirigentes demócratas para comprender el peligro que entrañaba la violencia desatada por el nacionalismo fascista era manifiesta. Después, se produciría la guerra de Invierno de Finlandia, atacada en esta ocasión por la Unión Soviética. Acusado de no haber prestado a Finlandia la ayuda militar necesaria, Daladier se vio obligado a dimitir.

El 21 de marzo le sucedió Paul Reynaud, un reconocido *belliciste* que propugnaba la adopción de una política militar más enérgica, pero el nuevo Gobierno se desenvolvió en una situación política y militar sumamente precaria. El recuerdo de los efectos destructivos y mortíferos de la Primera Guerra Mundial llevó a los dirigentes políticos y los mandos militares a adoptar una política de defensa y disuasión que incluyera el bloqueo económico de Alemania.

Además, los jefes militares tenían una visión anticuada de la estrategia militar, que no valoraba la contribución decisiva de las unidades blindadas móviles y la acción coordinada de las fuerzas aéreas y terrestres. Por ello, la guerra en el oeste de Europa, hasta la primavera de 1940, fue denominada *guerra de mentira, drôle de guerre* o *sitzkrieg*.

Entre tanto, Hitler decidió lanzar una potente ofensiva en el oeste europeo en la primera oportunidad que surgiera, previendo que lograría una victoria rápida y concluyente. Cuando consideró que tenía las espaldas del este bien cubiertas tras su acuerdo con Iósif Stalin, el 9 de abril dio la orden de atacar a Dinamarca y Noruega. Al cabo de unos días, los gobiernos de estos países se rindieron. Las fuerzas aliadas, sorprendidas por el ataque, acudieron a toda prisa, pero fueron empujadas hacia el mar. Este fracaso provocó el final del Gobierno conservador británico de Neville Chamberlain, principal impulsor de la estéril política de «apaciguamiento» frente a Hitler. Winston Churchill, primer ministro y ministro de la Guerra, se convirtió en el hombre fuerte del nuevo Gobierno de concentración.

A continuación, Hitler dio la orden de iniciar la batalla de Francia con el objetivo de aplastar al país vecino y borrar la deshonra impuesta a Alemania en 1918 por la Paz de Versalles. La derrota de Francia, comentó a Joseph Goebbels, sería «un acto de justicia histórica»[10]. En aquel momento, la composición de los efectivos militares favorecía ligeramente a los aliados. El ejército alemán tenía 136 divisiones, 2500 tanques y 4000 aviones de combate. Los aliados contaban con 144 divisiones, 3400 tanques y 3000 aviones.

---

10. Cit. B. Wasserstein (2010), *op. cit.*, pág. 287.

Las dificultades de los aliados —comenta Wasserstein— no surgieron tanto de la falta de potencia de fuego militar como de su incapacidad para concentrar los recursos en el lugar adecuado en el momento preciso. Eso se debió en parte a una mala coordinación entre los aliados. Otra razón fue la rigidez de la doctrina operativa francesa, que los llevó a sucesivos errores tácticos[11].

La estrategia alemana pretendía dar un «golpe de hoz» en Holanda, Bélgica y Luxemburgo que mostrara su decidida voluntad ofensiva. Las fuerzas aliadas contraatacaron enviando cuatro divisiones a Bélgica, pero al comprobar el avance de las divisiones Panzer del general Heinz W. Guderian, apoyadas por las unidades aéreas de la Luftwaffe, hacia el Canal de la Mancha, temieron quedar atrapadas, lo cual entrañaría la inmediata derrota de Francia. El 15 de mayo Reynaud telefoneó a Churchill y le comunicó que el camino de los alemanes hacia París estaba despejado y que la batalla de Francia estaba prácticamente perdida. Holanda, después de cinco días de resistencia, capituló. El 17 de mayo cayó Bruselas. La biblioteca de la Universidad de Lovaina fue destruida por el fuego. Cuando el ejército alemán se acercó a París, cundió el pánico. El general Gamelin fue sustituido por el general Weygand, que enseguida advirtió que Francia no tenía capacidad para oponer una eficaz resistencia. El mariscal Pétain entró en el Gobierno en calidad de viceprimer ministro para aplacar las críticas de los sectores conservadores y se convirtió en el portavoz de los derrotistas. El 21 de mayo el ejército alemán llegó al Canal de la Mancha y partió por la mitad a las fuerzas aliadas.

11. *Ibid.*, pág. 287.

Entre el 26 de mayo y el 4 de junio, 225 000 soldados británicos y 122 000 franceses y aliados embarcaron en Dunkerque con destino a Inglaterra. La propaganda británica convirtió esta derrota en uno de los mitos épicos de la guerra.

El 10 de junio, el Gobierno francés abandonó París con destino a Burdeos. Ese día fue denominado por Charles de Gaulle el «Día de la agonía». La marcha del Gobierno originó una caótica desbandada. Unos días después, el ejército alemán entró en París y desfiló por los Campos Elíseos. William Shirer, periodista norteamericano, escribió en su diario: «Tengo la sensación de que estamos presenciando en París la desintegración total de la sociedad francesa, el colapso del ejército, el Gobierno y la moral de la gente. Es algo casi demasiado asombroso para creerlo»[12].

Reynaud le pidió a Franklin D. Roosevelt la intervención inmediata del ejército norteamericano en la guerra, pero el Gobierno francés estaba escindido entre quienes querían proseguir la lucha y quienes postulaban la suscripción de un acuerdo de paz con Alemania, como era el caso del general Weygand. Cuando la mayoría de los ministros se mostraron favorables al armisticio, Reynaud presentó la dimisión. Le sustituyó el mariscal Pétain, que planteó enseguida la capitulación y la negociación del acuerdo de paz. Las líneas defensivas francesas se vinieron abajo y las fuerzas alemanas avanzaron imparables por amplias zonas del sur, haciéndose con el control efectivo del país. El 22 de junio de

---

12. Cit. en X. Pericay (2020). «En París, con la República», en *Chaves Nogales. Cuadernos y lugares*, Catálogo, Charo Ramos, edit., Sevilla, Junta de Andalucía, págs. 170-171.

1940 se firmó el armisticio en el bosque de Compiègne, situado en la comuna de Rethondes. Una semana después, Hitler, entusiasmado por la victoria, se paseó por París. Francia fue dividida en dos zonas, la ocupada, dominada por los alemanes, y la «libre», bajo la autoridad de la Francia «colaboracionista» de Pétain. Además, los departamentos del Norte y Paso de Calais pasaron a depender del gobierno militar alemán de Bélgica; la zona de Alsacia y Lorena fue anexionada a Alemania; se estableció una «zona prohibida» a lo largo de las costas del Canal de la Mancha y del Atlántico para facilitar la entrada de la marina alemana a los puertos; y una pequeña zona de ocupación fue asignada a la Italia fascista. Los refugiados a quienes se les había concedido el asilo político debían ser entregados y todos los gastos de ocupación debían ser pagados por Francia, aproximadamente 400 millones de francos franceses diarios. Tan solo se permitía la existencia de un ejército francés de 100 000 soldados, sin unidades blindadas mecanizadas. Este acuerdo estaría vigente hasta que se negociara el tratado de paz definitivo.

El 18 de junio, el general De Gaulle pronunció un discurso en Londres, retransmitido en directo por la BBC, en el que pidió a los franceses que se sumaran a la lucha contra el invasor: «¿Debe desaparecer la esperanza? ¿Es la derrota definitiva? ¡No! No se ha perdido nada para Francia [...]. Esta guerra no se ha decidido con la batalla de Francia. Esta es una guerra mundial [...]. Pase lo que pase, la llama de la resistencia francesa no debe apagarse ni se apagará»[13].

---

13. Charles de Gaulle (1954-1959): *Mémoires de guerre*, volumen I, París, Editorial Plon, págs. 267-268.

La caída de Francia originó un proceso de reflexión y autocrítica que fue más allá de los aspectos militares. Según Paul Valéry, François Mauriac y Marc Bloch fue provocada por el fracaso de la Tercera República, incapaz de superar el deterioro social, económico y político que sufrió el país en el curso de los años treinta. Valéry afirmó, a este respecto, que «la guerra se perdió durante la paz»[14].

La agonía de Francia muestra la visión desgarradora de Manuel Chaves Nogales sobre el derrumbe político, militar y moral del país que, a su juicio, simbolizaba los valores cívicos y democráticos de la vieja Europa. Fue publicada en 1941 por la editorial Claudio García & Cía. en Montevideo, Uruguay. Las referencias históricas del relato revelan que fue escrita a mediados de 1940, tras su llegada a Londres. La estructura, el estilo narrativo y el tratamiento de los temas son similares a los de las obras que publicó anteriormente. En el prólogo, Chaves Nogales describe el contexto histórico de los hechos: la invasión del ejército alemán, el traslado del Gobierno Reynaud a Burdeos, la formación del Gobierno Pétain, la capitulación francesa... «Aquello —afirma— no era una crisis, sino un golpe de Estado [...] En unas horas plácidas, banales, de un domingo radiante, Francia, la Francia que creíamos inmortal, se había hundido quizás para siempre» (pág. 42). Tras la ocupación de París por el ejército nazi, la República Francesa renunció a la lucha, se rindió y dejó a los ciudadanos desprotegidos. El régimen colaboracionista de

14. R. Paxton (1972): *La Francia de Vichy: vieja guardia y nuevo orden*, Barcelona, Noguer, pág. 22.

Vichy, presidido por el general Philippe Pétain, completaría la ignominia.

Francia, según Chaves Nogales, era la heredera de la civilización grecolatina y humanista,

> una creación espiritual conseguida en veinte siglos de civilización, de lucha constante contra la barbarie. Su fuerza material era única y exclusivamente una emanación de su espíritu. Todo en Francia estaba lleno de sentido, era tan humano, tenía tan exactamente la medida de lo humano, que parecía imposible que este equilibrio se rompiese y Francia cayese en la barbarie y la abyección (pág. 46).

A su juicio, la derrota se produjo antes de comenzar la invasión militar nazi, cuando Francia fue desestabilizada por las luchas internas, el deterioro democrático y la incapacidad para comprender la amenaza totalitaria. Por eso, «se dejó ganar poco a poco por las sugestiones del adversario, renegó de sí misma y de cuanto había representado en el mundo, se rindió a la coacción de la propaganda enemiga» (pág. 49).

Durante mucho tiempo Francia había sido la tierra de acogida de los europeos que creían en la libertad y la democracia, «que querían seguir siendo libres y que a su libertad lo habían sacrificado todo, sus hogares, sus familias, sus patrias» (pág. 47). Cuando Francia capituló, se comprometió a entregar a los alemanes los refugiados que la habían servido lealmente y habían depositado en ella su esperanza. El régimen colaboracionista presidido por el general Pétain constituía una regresión inaceptable. «Consagrándose furiosamente a la demolición del mito de la democracia, los

nacionalistas franceses no han conseguido sino la demolición de Francia, su capitulación, su servidumbre total a la
barbarie extranjera, su deshonor ante el mundo» (pág. 50).

La *Agonía de Francia,* según Chaves Nogales, se fue gestan-
do paulatinamente a lo largo de los años treinta. «La causa
profunda de lo que había de suceder hay que buscarla en el
proceso de los últimos diez años de la vida francesa, proceso
claro, evidente, de acabamiento, agonía y descomposición
de un pueblo» (págs. 66-67). Ni los gobiernos conservadores
ni los progresistas fueron capaces de atajar las consecuencias
de la crisis económica, la desorientación y la conflictividad:

> Ni las Ligas ni el Frente Popular tuvieron fuerza bastante para
> sacar al país del marasmo en que lo había sumido la costosa e in-
> fecunda victoria [en la Primera Guerra Mundial]. [...]. Los gér-
> menes de las dos revoluciones abortadas seguían intoxicando el
> organismo nacional y a partir de 1936 crearon un estado morbo-
> so de guerra civil latente, crónica, una guerra civil en la que los
> ciudadanos no se asesinaban unos a otros pero poco a poco iban
> asesinando entre todos al país. [...] Este era el clima moral de
> Francia. La impotencia y la esterilidad de los últimos movimien-
> tos, tanto reaccionarios como revolucionarios, la falta de fe no
> solo en los hombres, sino en las ideas y en los sistemas, la íntima
> convicción de la inutilidad de todo esfuerzo colectivo, habían
> creado un ambiente de claudicación y un sentimiento de derrota
> en las masas francesas que habían llegado a estar muy por debajo
> del exponente que eran sus hombres públicos (págs. 65, 66, 70).

La orden de movilización militar dictada por el gobierno de Daladier el 2 de septiembre de 1939 cohesionó a la
ciudadanía.

El proceso de descomposición que venía siguiendo Francia parecía detenerse súbitamente al borde del abismo al estallar la guerra. Hubo un momento en el que se tuvo la impresión de que Francia iba a salvarse una vez más gracias al aglutinante del peligro exterior. Como hemos dicho, el ciudadano francés al acudir a la orden de movilización había hecho tabla rasa de sus querellas, había olvidado sus odios, sus intereses de clase y hasta sus pequeños egoísmos personales e iba dispuesto a todo (pág. 72).

Los trabajadores y las trabajadoras que se incorporaron a las industrias de guerra aceptaron de buen grado las largas jornadas de trabajo y los sacrificios impuestos por la situación.

La guerra —esto se vio enseguida— no era más que trabajo; un trabajo duro, monótono, encarnizado [...] La guerra se ganaría permaneciendo diez, doce horas diarias al pie de la máquina, trabajando en la cadena sin levantar la cabeza, como esclavos. Este era el precio de la libertad futura [...]. El pueblo francés ha trabajado concienzudamente para la guerra. Durante el largo y penoso invierno que ha precedido a la catástrofe, el proletariado francés encerrado en los talleres desde antes de que rayase el día hasta dos horas después de haber caído la noche ha trabajado con fe dando todo el rendimiento de que era capaz (págs. 112-115).

Una de las principales causas de la derrota era la incompetencia, la falta de compromiso y el derrotismo de los mandos militares. «Lo que en Francia ha fallado, primera y principalmente —afirma Chaves—, no ha sido el pueblo, sino el ejército, no ha sido la democracia sino el militarismo, no ha sido la ciudadanía que por lo general se manifestaba dispuesta al sacrificio, sino los cuadros de mando que no han sabido utilizarla ni infundirle espíritu alguno»[15]. «Los acontecimientos han demostrado —concluye— que el ejército francés se consideraba vencido aún antes de entablar la lucha» (pág. 80).

En aquella circunstancia crítica, los portavoces del derrotismo difundieron la confusa expresión *drôle de guerre*.

En ella iba, hábilmente disimulado —afirma Chaves—, todo el derrotismo de Francia. *Drôle de guerre!* Es decir, guerra extraña, absurda, rara, inexplicable y, en el sentido peyorativo de la palabra *drôle,* guerra disparatada, grotesca, insensata, ilógica, guerra sin justificación que no se debía haber hecho, guerra estúpida y estéril. Todo esto y mucho más quería decir esta frase equívoca que no alarmaba a los censores del gobierno y que hizo fortuna rápidamente como expresión del estado de ánimo de una opinión pública que se sentía arrastrada a una lucha en la que no tenía fe (pág. 122).

Así, los ocho meses anteriores al ataque alemán, en los que tan solo se produjeron algunas escaramuzas fronterizas, constituyeron un tiempo perdido en la preparación de la guerra.

Poco a poco, la «barbarie antidemocrática» se fue infiltrando en determinados sectores de la sociedad francesa: los jefes militares, los intelectuales y las clases medias.

---

15. Reconstrucción de texto realizada por el editor Luis Solano, *vid.* M. Chaves Nogales (2020) [1941]: *La agonía de Francia,* en *Obra completa,* volumen V, *op. cit.,* págs. 363-364.

«Querían acabar con la democracia y han acabado con Francia. Querían destruir el espíritu liberal y han destruido el espíritu francés. Este espíritu, que había conquistado el mundo entero, estaba últimamente aherrojado por la nueva barbarie del antiliberalismo...» (pág. 89). El signo más expresivo de la dimisión practicada por los franceses era la claudicación de los intelectuales. «La nazificación de las clases superiores de la sociedad francesa era un hecho incuestionable... El triunfo en Francia del antisemitismo nazi era completo» (págs. 124-125). Antes de que el ejército alemán ocupara el territorio francés ya se había producido la derrota de la inteligencia. «Han sido las élites intelectuales del país las que primero se han rendido y han arrastrado al desastre a las masas» (pág. 127). La defección se había producido sobre todo entre las clases medias, en «la pequeña burguesía, los menestrales, los hombres de profesiones liberales, los tenderos, toda esa plebe urbana que antes era el asiento sólido de la democracia y estaba animada de una moral ciudadana y guiada por unos deberes estrictos de la ciudadanía» (pág. 138). El abandono del liberalismo por estos sectores y su orientación hacia el «nacionalismo integral» de Charles Maurras, es decir, hacia el nazismo totalitario, era una de las principales causas de la catástrofe.

Édouard Daladier, dirigente del Partido Radical y jefe del gobierno cuando comenzó la Segunda Guerra Mundial, era el político que, según Chaves Nogales, mejor representaba el pensamiento del francés medio. Sus cualidades políticas eran incuestionables:

Daladier es honesto, enérgico y honda y sinceramente demócrata, sin beatería democrática, sin esa servidumbre a las clientelas partidistas que convierte a los hombres demócratas en meros instrumentos de los comités. Es un hombre que tiene una fuerza personal indiscutible, una fuerza natural, salida directamente del terruño francés (pág. 160).

Tras la dimisión de Léon Blum, logró el apoyo de la mayoría parlamentaria y evolucionó al compás de la opinión pública. «El gobierno Daladier representaba la solución transaccional, la fórmula típicamente liberal y democrática» (pág. 162). En otras circunstancias habría realizado una buena gestión política y habría logrado salvar Francia, pero los enemigos de la democracia, que estaban resueltos «a hundir el país con tal de que se hundiese el régimen», provocaron su fracaso (p. 161).

Le sustituyó el 21 de marzo de 1940 Paul Reynaud. Dotado de una visión política más amplia, acometió «una operación de salvamento audaz» a través de la alianza con Inglaterra para continuar la resistencia, si Francia caía, en las colonias. Pero los sucesivos relevos en la cúpula militar no contribuyeron a realizar los cambios necesarios. Los jefes del Estado Mayor mostraban una actitud de esfinge *muette*, callada y hermética.

Odiando a Alemania con un odio profundo, instintivo, de casta y de raza, han sido, sin embargo, ganados por el sistema, se han dejado subyugar por el nazismo en el que encuentran plenamente realizada una aspiración hondamente francesa, nacida en el alma de Francia por razones históricas antes que en ningún otro pueblo de Europa: el nacionalismo integral, el nazismo. Los generales franceses eran nazis, tan nazis o más que los generales de Hitler. Eran antes nazis que franceses. La obsesión ideológica en ellos era más fuerte que el sentimiento de la patria (pág. 182).

Algunos jefes y oficiales alzaron la voz para cuestionar la dirección de la política militar. Charles de Gaulle era el más representativo de ellos.

Sus concepciones estratégicas —comenta Chaves— eran compartidas por una masa considerable de generales, jefes y oficiales que habrían terminado por imponerlas si la guerra hubiese seguido interiormente un curso normal, si no hubiese estado presidida por la trágica convicción de la derrota previa indispensable. Cuando Paul Reynaud lleva a la subsecretaría del Ministerio de la Guerra al general De Gaulle era ya tarde (pág. 184).

El general Weygand accedió al mando del ejército francés y propugnó una política derrotista. «Todo induce a creer —afirma Chaves— que Weygand no ha previsto ni por un momento la posibilidad de intentar la resistencia. Su papel es sencillamente el del liquidador» (pág. 186). Sus consejos «han debido precipitar el derrumbamiento quebrantando la voluntad de resistencia que positivamente animaba a Reynaud» (pág. 187).

El 16 de junio de 1940 el gobierno debatió la propuesta formulada por Churchill de articular una alianza franco-británica para conjugar la capacidad militar de ambos países. Al imponerse la opinión de los ministros favorables al armisticio, Reynaud presentó la dimisión.

En los consejos de ministros del Hôtel de Ville de Burdeos, el gobierno Reynaud, que tenía en su seno a los elementos que habían de consumar la traición de Francia a sí misma y a sus aliados, fue derribado. Vencían la ceguera insigne y la testarudez octogenaria del mariscal Pétain obsesionado por la idea siniestra de que Francia se salvaría entregando a Alemania el cadáver de la democracia. Esta idea absurda, que había sido infiltrada en las masas francesas gracias a la propaganda alemana, ha sido la causa fundamental de la caída de Francia (pág. 204).

Reynaud fue sustituido por Pétain, quien, poco después, haría efectiva la claudicación de Francia.

Toda la gloria de Pétain no ha servido para provocar un minuto de apaciguamiento. Pétain mismo no ha sabido ser sino un partisan, un leño más arrojado al fuego, un tronco añoso con que incrementar la hoguera de la discordia interior en la que Francia se consumía.

El gobierno, al llamarlo a sus comicios, lo que hacía con ello era avivar la lucha interior, precipitar la consunción de Francia (pág. 188).

Así, la tragedia, según apreció Chaves Nogales, tendría un desenlace fulminante: «Después de diez meses de simulacro de guerra, de guerra podrida, como se la ha llamado, Francia estaba tan desecha que se derrumbaba con un soplo como un castillo de naipes» (pág. 189).

Nada más comenzar la ofensiva alemana, se extendió en París el clamor «¡sálvese el que pueda!». Los propios funcionarios estatales crearon una atmósfera catastrofista y sembraron el pánico. En aquellos momentos críticos, los refugiados antifascistas que servían a Francia con lealtad fueron abandonados y dejados a merced de la Gestapo nazi.

Hitler utilizó las incursiones de la aviación como arma psicológica para sembrar el pánico y acelerar la evacuación de las cuidades que servían de soporte al ejército francés. «Un millar de bombas de pequeño calibre arrojadas sobre París y sus alrededores en pleno día, a la una de la tarde, bastaron para que la capital de Francia creyese que había llegado la hora de claudicar» (pág. 193). El traslado del gobierno francés a Tours y Burdeos facilitó la entrega de París a los alemanes, sin oponer resistencia alguna. «La evacuación de París por el mundo oficial, la enorme balumba de los funcionarios, y las mecanógrafas con sus montañas de expedientes atados con balduque, fue un lamentable espectáculo ofrecido cínicamente al pueblo parisién cuya conformidad y resignación fueron puestas a prueba» (pág. 197). La retirada del gobierno y de los funcionarios públicos empujó a muchos parisinos a huir de forma descontrolada.

El éxodo de un millón de parisienses en pos del gobierno y de los funcionarios fue algo espantoso, inenarrable. Día y noche las salidas de París estuvieron obstruidas por cuatro filas de vehículos de toda clase, cargados hasta los topes, que marchaban penosamente deteniéndose constantemente y al paso de los más lentos, los grandes y pesados carromatos que utilizan los campesinos para transportar el heno, tras los cuales habían de marchar con desesperante lentitud los potentes automóviles de la gran burguesía parisién que se ponía en salvo llevándose celosamente consigo sus riquezas transportables, la plata, los tapices, las joyas, los cuadros, hasta los muebles valiosos izados disparatadamente sobre las capotas de los coches. No creo que antes de ahora se haya dado en el mundo el espectáculo formidable del éxodo de un pueblo civilizado que, con todo su progreso material y mecánico, sus aparatos de radio, sus automóviles de lujo, sus motocicletas, sus instrumentos de confort y sus riquezas daba, sin embargo, la sensación exacta de una tribu bíblica que emprendía el camino de la tierra de promisión como en las enormes migraciones legendarias de los pueblos de la antigüedad (págs. 200-201).

Las autoridades de Tours adoptaron medidas defensivas de la ciudad, pero en cuanto aparecieron los aviones alemanes, el gobierno francés partió hacia Burdeos y arrastró consigo a la muchedumbre angustiada que le seguía. «Francia, cuando el gobierno llegó a Burdeos, era como una bestia herida de muerte y acorralada que busca el rincón más oculto de su guarida para echarse a morir. Era inútil todo intento de hacerla reaccionar» (pág. 203).

El principal motivo de la caída de Francia fue, según Chaves Nogales, el desgarramiento interno, la renuncia a los ideales democráticos, la lucha consigo misma. «Francia había llegado a enamorarse de su verdugo. Esta aberración, que en el ser humano aislado no es más que un caso de perversión sexual, al dominar a un pueblo y, sobre todo, a un pueblo superior como el de Francia, ha dado origen a una de las tragedias más hondas de la historia» (pág. 206). Una tragedia estéril, inútil, porque los franceses tenían claro en el fondo de sus conciencias que la barbarie totalitaria era una manifestación política que carecía de futuro.

En suma, *La agonía de Francia* constituye un análisis estremecedor del derrumbamiento de la Tercera República y de la capitulación de Francia ante la Alemania de Hitler, realizado apresuradamente cuando el periodista abandonaba el país camino de Inglaterra, su segundo y definitivo exilio. Como resalta Antonio Muñoz Molina,

> es un libro tan sobrecogedor porque contiene dentro varios libros: un relato periodístico insuperable, una confesión personal, un lamento por la fragilidad de la democracia y una defensa apasionada de ese sistema político justo en un tiempo en el que parece vencido y desacreditado, anulado por el poderío incontenible y el prestigio propagandístico de los regímenes totalitarios[16].

En las páginas de *La agonía de Francia* Chaves Nogales expone sus ideas, sentimientos y desgarros por la destrucción del sistema democrático, atacado por los totalitarismos, algo que compartió con Manuel Azaña, Marc Bloch y Benedetto Croce. Y en aquellos momentos sumamente críticos, denunció la barbarie y reivindicó la vigencia de la democracia:

> Francia sabe, y no ha podido olvidarlo, que hasta ahora no se ha descubierto ninguna forma de convivencia humana superior al diálogo, ni se ha encontrado un sistema de gobierno más perfecto que el de una asamblea deliberante, ni hay otro régimen de selección mejor que el de la libre concurrencia: es decir; la paz, la libertad, la democracia.
>
> En el mundo no hay más (pág. 207).

Francisco Cánovas

---

16. A. Muñoz Molina (2020), «Introducción» a *Obra completa*, *op. cit.*, volumen I, págs. XIV y XXV.

La agonía de Francia

A una colectividad se le engaña
siempre mejor que a un hombre.

Pío Baroja

Prólogo
Golpe de Estado

—Qui êtes-vous?

Nos echaron a la cara los haces de luz de sus linternas y nos examinaron recelosamente. Salíamos del despacho del ministro del Interior, señor Mandel, y bajamos por una escalera de servicio de la Prefectura de Burdeos donde se había instalado el ministerio después de la evacuación de Tours. Hasta aquel instante Mandel había sido el jefe supremo de las fuerzas de orden público; a partir de entonces era un perseguido, un presunto criminal.

Mandel seguía en su despacho despidiéndose del personal y adoptando sus últimas disposiciones para la transmisión de poderes como ministro dimisionario del gabinete Reynaud. Pero, escaleras abajo, la guardia había cambiado ya, unos oficiales habían sustituido a otros y el ministro, sin salir de su despacho, se había convertido en prisionero. Los oficiales que nos habían dado el alto, a quien acechaban era a Mandel mismo. Era su rostro el que querían adivinar a través de posibles disfraces, temiendo que se les escape en la confusión de los primeros momentos. Nos miramos estupefactos. Aquello no era una crisis sino un golpe de Estado.

Pétain, dueño ya del poder, no había constituido todavía su gobierno. Aún era inconcebible la capitulación. El almirante Darlan seguía proclamando que la flota francesa no se entregaría nunca. Tocaba a su fin aquel domingo mansamente trágico en el transcurso del cual había sucumbido Francia.

La tarde del domingo en que murió Francia

En unas horas plácidas, banales, de un domingo radiante, Francia, la Francia que creíamos inmortal, se había hundido, quizás para siempre, entre la indiferencia absoluta de una gran ciudad alegre y confiada, el discurrir perezoso de una muchedumbre endomingada que llenaba los jardincillos del Hôtel de Ville presenciando con inconsciente curiosidad provinciana el ir y venir de los automóviles oficiales y el ajetreo miserable de cientos de miles de refugiados ajenos a todo lo que no fuese la satisfacción inmediata de sus necesidades físicas, que buscaban afanosamente dónde comer y dormir aquella noche.

Un mediano *restaurant*, una cama, una mesa libre en una terraza para tomar cómodamente el aperitivo, una localidad para el cine, un buen puesto en primera fila para verle la cara a Pétain o a Reynaud al entrar o salir del Consejo de Ministros, tenían más importancia para aquella masa abigarrada que todas las angustiosas preocupaciones nacionales del momento. ¿Cuántas personas de aquellas tenían plena conciencia de la hora decisiva para ellas y para la historia que estaban viviendo? Nunca una catástrofe nacional se ha producido en medio de una mayor inconsciencia colectiva.

La indiferencia de las masas

La revelación más sorprendente y espantable del derrumbamiento de Francia ha sido esta de la indiferencia inhumana de las masas. Las ciudades no han tenido en ninguna otra época de la historia una expresión tan ferozmente egoísta, tan limitada a la satisfacción inmediata y estricta de los apetitos y las necesidades de cada cual.

Seguíamos manteniendo la ilusión de que la gran ciudad engendra el mito de la ciudadanía. Hemos visto ahora que la gran ciudad moderna, con toda su vibración y su formidable progreso material, es un ser inanimado, una fuerza y una resistencia gigantesca si se quiere pero que solo actúan en el dominio estricto de su propia función, que permanecen inoperantes cuando se quiere esgrimirlas con una finalidad espiritual superior. Se ha demostrado que es punto menos que imposible paralizar la vida de una gran ciudad, conseguir que dejen de circular sus tranvías, impedir que funcionen sus teatros y sus cines, hacer que se cierren sus mercados y sus bazares, que los guardias dejen de regular el tráfico y los carteros de repartir las cartas. Ni guerras ni revoluciones lo logran. Todo intento contra esta inercia formidable de la gran ciudad está condenado al fracaso. La misma aviación de guerra, empleada con la intensidad y el perfeccionamiento actuales, es impotente ante la solidez de la organización urbana. Madrid, Barcelona y Varsovia lo habían demostrado ya. París, en un momento dado ha visto caer sobre sus tejados un millar de bombas sin que su vida normal se alterase un minuto más de lo que duró la alerta. Las gentes, diez minutos después de haber salido de los refugios, volvían indiferentes a sus ocupaciones, seguían haciendo como si tal cosa y aun sin enterarse siquiera, su vida normal. La hubiesen seguido haciendo aunque en lugar de mil víctimas como hubo hubiese habido diez mil, veinte mil, cincuenta mil, todas las víctimas que las masas de aviación hoy disponibles puedan ocasionar. Hasta ahora la perturbación mayor que la guerra aérea produce en las grandes ciudades es la perturbación que imponen no las bombas mismas con su estrago, que es mínimo, sino las precauciones inevitables de la defensa pasiva que paralizan peligrosamente y de manera costosísima la vida urbana.

Cómo se rinde una gran ciudad

Ahora bien, esta organización colosal de la vida moderna, este funcionamiento perfecto e indestructible de sus servicios, esta continuidad inalterable de su actividad que desafía todas las amenazas exteriores y da seguridad y confianza al ciudadano, es totalmente ajena e independiente de las funciones superiores del Estado y aun de la vida misma de este. El Estado puede hundirse y desaparecer para siempre y el pueblo puede caer en la esclavitud sin que el autobús haya dejado de pasar por la esquina a la hora exacta, sin que se interrumpan los teléfonos, sin que los trenes se retrasen un minuto ni los periódicos dejen de publicar una sola edición.

Habíamos creído ingenuamente que la complicada mecánica de todo ello estaba en conexión estrecha e indisoluble con los fines del Estado y esto es una vana ilusión.

Nos parecía que la fuerza enorme de la ciudad podía servir para algo más que para que la ciudad viviese y nos hacíamos la ilusión de que esa fuerza podía ser empleada cuando llegase el momento —vital para el país— de defenderse contra una invasión extranjera. El taxi del Marne, del que los franceses hicieron un engañoso símbolo, y las milicias de peluqueros y costureras reclutadas para la defensa de Madrid habían contribuido al error funesto de creer que en el momento de peligro se opera fatal y automáticamente la conversión de las fuerzas ciudadanas en fuerzas de lucha contra el enemigo del país. En la ciudad antigua, cuando la lucha era a la medida del ciudadano, este abandonaba fácilmente sus quehaceres pacíficos en el momento de peligro y se convertía en el soldado de su independencia.

Esto fue posible en Numancia. No ha sido posible en París ni lo sería en Nueva York. Cuesta trabajo aceptarlo porque parece inconcebible que los complicados engranajes de la máquina urbana moderna, construida penosamente a lo largo de los siglos para trabajar en un sentido determinado, puedan seguir trabajando en otro sentido diametralmente opuesto sin que todos sus piñones salten hechos pedazos. Pero así es.

La fe en Francia

Esta dura realidad no la habíamos visto o nos la habíamos ocultado pudorosamente. Creíamos, o queríamos creer, que el progreso material, engendrado por el progreso del espíritu, seguiría siendo fiel a este. No aceptábamos la posibilidad de que la máquina nos abandonase o nos hiciese traición.

Toda Francia era una creación espiritual conseguida en veinte siglos de civilización, de lucha constante contra la barbarie. Su fuerza material era única y exclusivamente una emanación de su espíritu. Todo en Francia estaba lleno de sentido, era tan humano, tenía tan exactamente la medida de lo humano, que parecía imposible que este equilibrio se rompiese y Francia cayese en la barbarie y la abyección. La fe en Francia era una fe ciega, universal. Creían en ella quienes la conocían a fondo y quienes la ignoraban; hasta sus enemigos; hasta los salvajes. No era una fe en una doctrina que en cualquier momento puede revelarse falsa. No era una fe de doctrinario, de partidario, de defensor de un dogma la que Francia engendraba. Era la fe natural del hombre en lo que es humano y en todo lo que está al alcance de su comprensión. La fe del labrador en las cosechas, del pastor en la reproducción de las especies, del marinero en la virtud de los vientos. Francia, heredera genuina de la civilización greco-latina, cuyo módulo era el hombre, había sido siempre fiel a sus humanidades clásicas, no se había apartado nunca del culto de lo humano y, así como en sus abadías se había salvado la cultura antigua a través de la barbarie de la Edad Media, se podía esperar ahora que ante esta barbarie nueva, ante esta nueva Edad Media, Francia cumpliese fácilmente la misión providencial que se había atribuido.

El mito de la libertad

A Francia acudían ayer aún, llenos de esperanza, los hombres de toda Europa que seguían teniendo fe en el hombre y en sus valores morales, los que creían en la libertad porque la necesitan para vivir como el oxígeno para sus pulmones, los que no se resignan a abdicar su dignidad viril ante los monstruos primarios del totalitarismo. Desde que se derrumbó el mito de Moscú, que había atraído falazmente a quienes tenían hambre y sed de justicia, desde que se deshizo la ilusión de la revolución bolchevique, Francia había vuelto a ser la Meca de todos los hombres libres de Europa, acaso solo por el prestigio insigne de su tradición.

Cuenta Máximo Gorki que hubo un periodo en el que el solo nombre de Lenin despertaba en los más remotos países de la tierra tan magníficas sugestiones de redención que, cruzando millares de kilómetros, llegaban constantemente en peregrinación a la Plaza Roja de Moscú, gentes sencillas y emocionadas que hablaban todas las lenguas y tenían del comunismo las ideas más arbitrarias pero que comulgaban unánimes en un ideal de liberación no por inefable menos fuerte. Ese ideal había cristalizado finalmente en el culto a aquella momia maquillada ante la cual, en señal de devoción, el que no sabía hacer otra cosa se santiguaba.

Con la misma fe ciega llegaban en los últimos tiempos a los arrabales de París los hombres que querían seguir siendo libres y que a su libertad lo habían sacrificado todo, sus hogares, sus familias, sus patrias.

Hoy, después del derrumbamiento de Francia, no puedo disociar la devoción de los pobres demócratas de Europa por Francia de la devoción ingenua de los proletarios de todo el mundo por aquella momia maquillada que monta la guardia a la entrada del Kremlin.

La defección francesa

Francia —aunque fuese a pesar suyo— no era solo Francia, es decir, lo que Charles Maurras llamaba «el país real». Era también un mito de la democracia, de la libertad, de los Derechos del Hombre. Pero este mito había llegado a ser carne de su propia carne, era tan francés, tan consustancial para la vida de la nación como era raíz enmarañada y perdida del indigenato en la que el nacionalismo integral francés se obstina en colocar la única razón de ser de Francia. Consagrándose furiosamente a la demolición del mito de la democracia, los nacionalistas franceses no han conseguido sino la demolición de Francia, su capitulación, su servidumbre total a la barbarie extranjera, su deshonor ante el mundo.

Esa Francia, ideal o idealista, que el *país real* ha procurado extirpar a toda costa era la mejor Francia, la que el mundo admiraba y respetaba reconociéndola y considerándola aún en la contrafigura de sus más sañudos detractores interiores. ¿En qué clima sino en el de Francia, en el de la Francia liberal y demócrata, se hubiesen producido y hubiesen alcanzado su máximo desarrollo hombres como León Daudet y el mismo Charles Maurras? ¿Qué será de ellos ahora, a las órdenes del doctor Goebbels? ¿Serán tan eficaces y activos contra los invasores triunfantes como lo fueron contra los demócratas, los judíos y los metecos que disimulábamos ante el mundo la triste realidad de una Francia claudicante?

A Francia habían acudido en los últimos tiempos grandes masas de hombres que buscaban en ella amparo frente a la nueva barbarie que se desencadenaba en Europa a cambio de ofrendarle sus vidas, su trabajo y sus hijos. Francia tenía a orgullo el ser tierra de asilo y se vanagloriaba de que todo hombre civilizado tuviese dos patrias, la suya y Francia. La vitalidad francesa, en decadencia, se mantenía gracias a estas inyecciones constantes de sangre nueva. Cerca de un millón de italianos, medio millón de españoles, cientos de miles de checos, austríacos, polacos, rumanos, rusos, alemanes y judíos de todas las nacionalidades servían sumisos y humildes a la grandeza de Francia, solo por devoción al mito de la democracia. La monstruosa elaboración de los Estados totalitarios y su expansión triunfal llevaba a Francia a unas masas de humanidad que representaban una selección espiritual, una élite de todos los pueblos de Europa. A quienes los Estados totalitarios eliminaban eran los mejores, los más fuertes, los más dignos, los que habían sabido resistir, los que no se habían doblegado ante la barbarie triunfante. Francia, que hubiera podido edificar contando con ellos un Estado de una fortaleza indestructible, se dejó ganar poco a poco por las sugestiones del adversario, renegó de sí misma y de cuanto había representado en el mundo, se rindió a la coacción de la propaganda enemiga y trató como adversarios y delincuentes a quienes acudían a ella en calidad de servidores fieles del ideal que Francia había simbolizado siempre.

Yo he visto y he sentido hondamente la amarga decepción de esos cientos de miles de hombres que, perdida su patria por la expansión triunfante de la barbarie totalitaria, llegaban a Francia creyendo encontrar en ella el baluarte de la democracia y la civilización y se encontraban con un nazismo vergonzante, larvado, con el cadáver maquillado de una República Democrática en cuyas entrañas podridas germinaría la gusanera del totalitarismo.

Francia se ha suicidado, pero al suicidarse ha cometido además un crimen inexpiable con esas masas humanas que habían acudido a ella porque en ella habían depositado su fe y su esperanza. Entre las cláusulas del deshonroso armisticio aceptado por el mariscal Pétain hay una que basta y sobra para deshonrar a un Estado; la cláusula por la que el gobierno francés se compromete a entregar a Hitler, atados de pies y manos, a los refugiados alemanes antihitlerianos que habían buscado su salvación en Francia y a quienes el Estado francés había utilizado sin escrúpulo en el simulacro de lucha contra el hitlerismo. La entrega al verdugo alemán de esos hombres que habían tenido fe en Francia será una de las mayores vergüenzas de la historia.

Experiencia personal

Mi pequeña experiencia personal no deja de ser significativa. Refugiado español, me había puesto incondicionalmente al servicio de la República Francesa desde el comienzo de la guerra con la convicción de que mi patria no podría librarse de la hipoteca que sobre ella tienen las potencias totalitarias más que cuando estas hubiesen sido derrotadas por las potencias democráticas. Ayudaba a la guerra con todo mi entusiasmo.

Cada día, un grupo numeroso de periódicos americanos de lengua española publicaba mis crónicas redactadas única y exclusivamente al servicio de la causa francesa; cada día la Radio Francesa para España y América del Sur divulgaba mis comentarios inspirados en las consignas directas del Quai d'Orsay. Cuando en Tours primero y en Burdeos después, sobrevino el derrumbamiento del Estado francés y cuando al constituirse el gobierno Pétain comprendí que iba a ser entregado a los alemanes, quise buscar refugio en el mismo pueblo de Francia al que había estado sirviendo y ayudando con mi modesta pluma pero con todo el entusiasmo de que era capaz. Se preveía en aquellos momentos la ocupación total del territorio francés por los alemanes y busqué un rincón rural apartado en un repliegue de los Pirineos donde ocultarme. Tenía buenos amigos franceses, gentes liberales, generosas, fieles a la buena tradición hospitalaria de Francia y recurrí a uno de ellos. Mi propósito era procurarme un falso pasaporte de una república hispanoamericana con un nombre cualquiera y contando con la ayuda de algún patriota francés meterme en una granja donde permanecería trabajando como jornalero durante la dominación alemana. Al amigo a quien recurrí, que conocía mis servicios a la causa de Francia, le dije:

—No tengo por qué ocultar mi verdadera personalidad a ningún francés y estoy dispuesto a declinar mi identidad auténtica ante las autoridades francesas en la seguridad de que no me delatarán a los invasores. Usted puede garantizarles que soy un amigo de Francia, un hombre que la ha servido lealmente, que quiere seguir sirviéndola, y que, sin comprometer a nadie, espera solo no ser entregado.

Mi amigo, un hombre positivamente generoso y leal, dobló la cabeza sobre el pecho y con lágrimas en los ojos y la voz vacilante respondió:

—No haga usted eso. Si alguien supiera en una granja, en una aldea, que usted ha servido a la República, que usted ha ayudado a la guerra de algún modo, que usted ha sido un amigo de Francia, le delatarían a usted inmediatamente. El jefe de la gendarmería francesa a quien usted se confiase se apresuraría a entregarle a los alemanes. Es espantoso para mí que soy francés, tener que decirle esto. Pero tal es la horrible realidad. Nuestros amigos de ayer y de hoy, los que más nos han ayudado hasta este momento, van a ser de aquí en adelante nuestros enemigos. Váyase. Si con un nombre falso puede encontrar trabajo y albergue en la aldea no le revele a nadie su verdadera personalidad ni descubra que fue amigo de la Francia que acaba de morir. Yo mismo tendré que olvidarlo.

La tragedia del francés

Más patética aún que la situación de los extranjeros que habían puesto su fe en Francia es la de los mismos franceses que sostuvieron hasta el último instante la fidelidad de Francia a sus ideales, los que reaccionaban enérgicamente contra la idea de capitulación, los que verdaderamente habían luchado contra el hitlerismo con toda su alma y se encontraron de la noche a la mañana traicionados, vendidos por su propia patria. Para estos el desgarramiento ha sido aún más espantoso. Yo les he visto en las horas angustiosas del desmoronamiento errar desarbolados tras el fantasma de una Francia capaz de resistir que se desvanecía por instantes. Les he visto acosar con inútiles excitaciones a la lucha al Estado fugitivo, a la masa inerte de funcionarios que solo se preocupaba de su seguridad personal, abandonándolo todo, renunciando a todo, dejándose en las carreteras de Francia, en el trayecto de París a Tours y de Tours a Burdeos la herencia de veinte siglos de civilización.

Esos hombres, los mejores de Francia, se hallan hoy en su propio país perseguidos como criminales por el delito de haber sido franceses y patriotas. Pocos, muy pocos habrán podido salvarse. Los que hayan conseguido ganar las fronteras habrán caído bajo el control de la Gestapo en España o se encontrarán inmovilizados en Suiza. Los que hayan podido llegar hasta Portugal o embarcar para Inglaterra serán los únicos que escapen a la garra del hitlerismo. Los otros, los que han quedado en el territorio francés no ocupado por los alemanes, van a sufrir de aquí en adelante una dictadura totalitaria que va a ser cien veces peor que la alemana. Es una ley histórica que todo pueblo vencido adopta fatalmente la forma de gobierno del vencedor. Francia va a sufrir de aquí en adelante un nazismo traducido que nada tendrá que envidiar al de Alemania.

La patria y el patriotismo

Con los cañones apuntando al cielo, los servidores de las piezas inmóviles en sus puestos, los oficiales en las torrecillas y el puente manejando los telémetros, en perfecto zafarrancho de combate desde el momento mismo de largar amarras, zarpaba del puerto de Burdeos el contratorpedero británico gracias al cual un reducido grupo de personalidades francesas, escritores, políticos, periodistas, los más significados, los más representativos de Francia, los que con mayor tesón y coraje habían luchado contra el hitlerismo, se libraban en el último instante no ya de la muerte, la deportación o el confinamiento en los campos de concentración hitlerianos, sino de la servidumbre oprobiosa al vencedor, mil veces peor y más aflictiva ahora que todas las esclavitudes clásicas. Reunidos silenciosamente en la cámara en torno a la mesa de oficiales, aquellos hombres, que tenían plena conciencia de la tragedia inmensa de su patria, permanecían anonadados. De vez en cuando alguno de ellos se levantaba como un autómata para contemplar las orillas fugitivas del estuario del Garona que el contratorpedero cruzaba a veinte nudos por hora, todo erizado de cañones y tremolando orgullosamente el pabellón británico. La fértil tierra con sus bosquecillos y sus viñedos huía vertiginosamente ante la mirada espantada de aquellos buenos franceses que temían no volverla a ver. Hubo un momento en el que *Pertinax*, el frío e impasible *Pertinax* de los agudos esquemas internacionales, se agarró nerviosamente a mi brazo para decirme con mal velada emoción:

—¡Ése es mi pueblo! Ahí nací yo.

Y me señalaba con el dedo una casita aldeana rodeada de una huerta frondosa que pronto perdimos de vista en un recodo del Garona.

Otros, menos contenidos, se desolaban. Émile Buré, el gordo y desbordante Émile Buré, francés hasta las cachas, trepidaba de angustia al ver cómo se le escapaba la tierra francesa.

—¡Yo no puedo vivir fuera de Francia! —exclamaba—. ¡Yo no quiero vivir fuera de Francia!

Y con una volubilidad trágica detenía en la cubierta del contratorpedero a los oficiales ingleses para explicarles en un francés sabroso y coloreado que ellos no entendían, cómo toda su vida estaba vinculada a aquella tierra fugitiva de la que se alejaba y para suplicarles que diesen orden de detener el contratorpedero y le desembarcasen.

—Aunque Pétain me encarcele. Aunque los alemanes me fusilen. Yo soy un hombre de esta tierra y no sabré vivir sino en ella.

Luego se apaciguaba pensando que el Canadá es tierra francesa y se ponía a soñar en la trasplantación de París, su París, a Montreal.

Madame Tabouis, agotada, extinta, hecha una pavesita, iba y venía por el barco como un alma en pena preguntando acá y allá qué pasaría en Francia en aquellos momentos, buscando radiogramas, queriendo a todo trance mantener el contacto con el país, contacto interrumpido que había sido hasta entonces su verdadera razón de vida.

Y así todos. Para el francés de raza el país es algo más que para la generalidad de los hombres, es la vida misma, el aire que se respira. Aquellos hombres, que al día siguiente habían de ser tachados de antipatriotas y denunciados a los tribunales de Francia, daban al alejarse de ella un espectáculo emocionante de patriotismo, de ternura y devoción por la tierra nativa de la que no sabían apartarse.

El francés, que en estos momentos pierde sin un dolor excesivo su imperio colonial, no se siente, sin embargo, con fuerzas bastantes para afrontar el trance horrible de la emigración para el que no estaba preparado espiritualmente y

solo una minoría muy fuerte de espíritu soportará estoica-
mente la dura prueba del exilio.

Yo, que soy español, veía serenamente convertirse la tierra de Francia en una línea azul tenue que se desvanecía
como fueron desvaneciéndose en el curso de los últimos
meses las ilusiones que había puesto en aquella tierra. En
Francia, país de asilo, convertido ahora en una inmensa
cárcel, quedaban tras las alambradas de espino de los campos de concentración muchos miles de españoles que habían tenido fe en ella. El viejo y acendrado amor que profe-
sábamos a Francia no podrá en mucho tiempo vencer el
dolor de la traición que se ha hecho a sí misma y al mundo
que creía en ella.

De cara al mar abierto, cuando la tierra de Francia se había borrado ya del horizonte, sentimos renacer nuestra fe y
nuestra esperanza. Era la segunda patria que perdíamos.
Pero la catástrofe de Francia, como la de España, no era la
derrota definitiva. Era solo una nueva etapa dolorosa de
una lucha que no tiene patrias ni fronteras porque no es
sino la lucha de la barbarie contra la civilización, de las
fuerzas de destrucción contra el espíritu constructivo y el
instinto de conservación de la humanidad, de la mentira
contra la verdad...

El mar abierto nos mostraba sus rutas innumerables.
Aún hay patrias en la tierra para los hombres libres. Sobre
nuestras cabezas tremolaba orgullosamente el pabellón de
la Union Jack.

Si Hitler hubiese atacado
en septiembre

Los hombres se juntaban poco a poco en la taberna de la esquina para ir a entregarse. Venían todos con un aire desembarazado, el hatillo a la espalda, las manos en los bolsillos. Cada uno que llegaba pagaba su ronda de Pernod arrojando sobre el mostrador de cinc su moneda y exclamaba despectivamente:

—*Alors, quoi. On y va?*

La orden de movilización general, con sus banderitas tricolores cruzadas, chorreaba engrudo en las esquinas. El Estado Mayor había echado la garra sobre el país. La vida de la nación quedaba en suspenso como por encanto y de los campos, las fábricas y las oficinas iban saliendo por millones los hombres que, abandonando sus quehaceres, habían de convertirse en soldados.

Por primera vez, desde hacía años, los vecinos del barrio, el arrabal o la aldea, que habían estado odiándose y persiguiéndose con saña, se encontraron juntos alternando plácidamente ante el mostrador de la taberna, ya que no con una cordialidad entusiasta, con una inteligente resignación. El Croix de feu del barrio llegaba a la taberna con su hatillo a la espalda como todo el mundo, daba la mano a todos, hasta a los comunistas y, como todo el mundo, se alzaba de hombros y decía desdeñoso:

—*Quoi, on y va?*

El pueblo de Francia volvía a encontrar en la promiscuidad de la movilización general su cohesión y su unidad perdidas a lo largo de una guerra civil larvada en la que los ciudadanos no se asesinaban unos a otros —como habían estado haciendo gozosamente los españoles— por pura y simple dificultad material, por la sencilla razón de que la gendarmería no había perdido su eficacia y faltaba el margen de impunidad que es indispensable a los héroes de las guerras civiles.

La incorporación al ejército devolvía momentáneamente a los ciudadanos franceses la libertad, la igualdad y la fraternidad perdidas en el encono de aquella guerra civil latente desde 1936 que había hecho imposibles en Francia todas las funciones normales de la ciudadanía. Este solo hecho era ya una victoria alemana, la primera. Triunfaba el sofisma alemán de la libertad en la disciplina, la igualdad en el servicio y la fraternidad en la jerarquía del ejército. Desde el momento en que había sido necesario este aparato ortopédico del militarismo para que la ciudadanía francesa se restaurase, Francia, la Francia liberal, democrática y antimilitarista, estaba moralmente vencida.

El Croix de feu y los comunistas entraban dócilmente y hasta con cierto júbilo en el engranaje militar. Los otros, los demócratas, los liberales, desde el pacifista doctrinario hasta el *je m'en fiche bien,* entraban rezongando, pero sin poner ninguna energía vital en sus objeciones de conciencia y en las reservas mentales de su pacifismo con un dejarse ir fatalista no exento de valor personal ni de civismo.

Francia iba resueltamente a la guerra y su aparato militar había funcionado con exactitud matemática. Tres millones de hombres estaban dispuestos a hacer la guerra, sin ningún entusiasmo, sin gritos patrióticos ni actitudes heroicas, pero con una profunda exasperación que les hacía exclamar rabiosamente:

—¡Hay que acabar de una vez!

El francés no es cobarde. La convicción de que la guerra era inevitable había arraigado en todas las conciencias y, con una sorda irritación, el ciudadano francés, que no quería la guerra, cargaba con la mochila dispuesto a pelear bravamente sin que le amedrentasen la voluntad y la capacidad guerreras del adversario. He oído a muchos de los que partían para el frente esta declaración expresada en formas diversas pero con un mismo fondo de serenidad, de conciencia, de grave y viril resolución:

—No seré un héroe, pero tampoco un cobarde.

Tengo la íntima convicción de que si Hitler hubiese atacado a Francia a raíz de la declaración de la guerra se habría roto los dientes contra la firme voluntad de luchar y resistir que entonces animaba al pueblo francés. El día primero de septiembre de 1939, tres millones de hombres salieron de sus casas dispuestos a jugarse la vida para defender a su patria. Lo que haya pasado luego es ya otra historia.

Francia pudo salvarse

Este hombre, que con un sobrio ademán acababa de decir adiós a su mujer, a sus hijos, su hogar y su trabajo y que, por primera vez, se encontraba alternando en fraternal camaradería con otros hombres que no pensaban como él, a los que había odiado y contra quienes había combatido hasta entonces, se hallaba dispuesto a todos los sacrificios, el de sus ideas, el de sus pasiones y hasta el de su vida. Este hombre hubiera podido ser la primera materia de una victoria.

Moralmente, era superior a su adversario. Frente al tamtam guerrero de Alemania, donde los hechiceros de la tribu excitaban a los hombres para llevarlos al combate con voces roncas que les embriagaban de odio y ambición, en Francia no sonaban más que voces claras, discretas, razonables que hablaban fríamente a la inteligencia de la inexorabilidad de la lucha, de por qué había que sacrificarlo todo a la patria, de los compromisos contraídos por el país, de las exigencias de la civilización... Todo ello, sin grandes ni enfáticas palabras, sin ningún alcohol, sin ningún estupefaciente. No creo que se haya hablado nunca a un pueblo que se quiere llevar a la lucha con tan honda sinceridad, con tan honesta lealtad como hablaba Daladier al pueblo de Francia en los primeros días de la guerra cuando su voz cálida, con acento entrañable y un poco aldeano, llevada por las ondas, resonaba patéticamente en el fondo de los hogares franceses con tono tan íntimo que la familia humilde que la escuchaba podía creer que era uno de los suyos, el marido, el padre o el hermano, quien hablaba. Nunca un pueblo ha estado tan cerca de la identificación completa entre sus sentimientos y las palabras y los actos de sus gobernantes. Daladier era al comenzar la guerra el exponente exacto y verdadero del pueblo francés. Ni más ni menos. Lo que a Daladier le faltase, le faltaba a Francia. Las virtudes que Francia tuviese, Daladier las manifestaba. Este equilibrio difícil no fue duradero.

La guerra civil

Esa guerra civil, que es la que en realidad ha vencido a Francia, estaba declarada desde que en 1936 la nueva táctica comunista llevó al poder al gobierno del Frente Popular.

La táctica de los Frentes Populares, adoptada por el Komintern en 1935, ha sido funesta a Francia como lo fue a España. En ambos países dio el triunfo electoral a las izquierdas pero en ambos países provocó automáticamente la reacción profascista que, si en España tomó la forma del alzamiento militar, del típico pronunciamiento español, en Francia sirvió de pretexto para que las fuerzas derechistas de la nación, movidas por el terror pánico al comunismo, torciesen el rumbo de la política internacional francesa orientándola hacia la alianza con Italia y la contemporización con Alemania con lo que prácticamente destruían de un golpe el complicado sistema de alianzas elaborado con discreta perseverancia por Berthelot Barthou y sus oscuros colaboradores desde hacía veinte años, sistema en el que se basaba la teoría de la seguridad colectiva y la seguridad real de Francia.

Desde que las derechas se alzaron abiertamente a esta nueva política exterior creyendo que con ella provocarían el fracaso del Frente Popular y el derrumbamiento del Gobierno, los dos dictadores de Roma y Berlín se encontraron con las manos libres en Europa. Francia se ponía a su merced. Por miedo a Moscú, las derechas francesas entregaban a Francia a la voluntad de Alemania e Italia.

En realidad, la defección de la derecha francesa a los fines exclusivamente nacionales de la política exterior seguida hasta entonces por Francia es anterior al Frente Popular mismo. Tiene su arranque en el problema de las sanciones contra Italia por la conquista de Abisinia. Fue entonces cuando se concretó la traición derechista a la política internacional franco-británica.

La verdadera corrupción interior

En Francia, o mejor dicho, en París, existe tradicionalmente una inclinación un poco morbosa a buscar en la concusión y el soborno la única motivación de las defecciones políticas. He oído decir al director de un diario parisiense que Francia estaba vendida y a merced de sus enemigos a partir de la campaña antisancionista que se hizo en la prensa y los medios políticos de París por el procedimiento del soborno puro y simple. Mussolini compró entonces por cuarenta millones de francos distribuidos hábilmente entre unos cuantos políticos y periodistas a los cuarenta millones de ciudadanos franceses que Pétain y Laval le han librado ahora atados de pies y manos.

Sin conceder a la venalidad de los políticos y la prensa todo el poder maléfico que el vulgo le atribuye, sin aceptar que los franceses hayan sido vendidos a franco la pieza y sin hacer coro a la propaganda hitleriana que tan hábilmente ha sabido explotar en daño de las democracias esta morbosa delectación que el ciudadano francés experimenta cuando llena de lodo a sus hombres políticos y les acusa, con razón o sin ella, de traidores y vendidos, hay que conceder a la corrupción de la política francesa toda la parte que electivamente le ha correspondido en la catástrofe del país. En realidad, los regímenes totalitarios no marcan una superioridad sobre las democracias más que cuando estas se hallan interiormente podridas. Frente a una democracia que conserva sus virtudes cívicas la inferioridad y la impotencia de los regímenes totalitarios siguen siendo incuestionables. Ante la democracia británica el totalitarismo germánico no ha podido todavía apuntarse ningún tanto a su favor ni podrá conseguirlo mientras no se produzcan en ella los mismos fenómenos de descomposición social y política que se han producido en la democracia francesa.

La propaganda totalitaria se hace a base del sofisma de que, puesto que hay democracias podridas, la podredumbre es inherente al régimen democrático.

Pero ocurre que, aun en el caso de Francia, donde el régimen se halla en plena descomposición, no han sido los elementos democráticos auténticos los que han podido ser acusados de la corrupción que ha provocado la catástrofe nacional, sino precisamente los elementos antidemocráticos de la nación. El *affaire* Stawisky puso al descubierto todas las lacras del régimen. *Topaze* revela una lamentable realidad interior. Todo ello, sin embargo, no hubiese provocado el derrumbamiento del Estado, y tal vez hubiese sido corregido e incluso aprovechado ejemplarmente de no haber sido por la corrupción profunda e irremisible de los enemigos de la democracia, quienes llevados tanto por su afán de lucro personal como por su obsesión ideológica se vendieron al enemigo exterior. El soborno por Alemania de destacadas figuras de la intelectualidad que habían renegado del liberalismo, la captación por el nazismo de importantes núcleos de antiguos combatientes sugestionados por el caporalismo y las turbias maniobras de agentes nazis como el famoso Abetz en los medios mundanos hostiles al régimen, no quieren decir que fuese la democracia la que estaba vendiendo a la nación, sino que era precisamente la Francia antidemocrática la que llevaba su putrefacción hasta el extremo de venderse al enemigo por el importe de los derechos de autor de unas problemáticas ediciones alemanas, por unos viajes gratuitos, unos halagos torpes y unas promesas de lucro basadas en la esperanza de la explotación sin límites del proletariado francés bajo la benévola protección de las potencias totalitarias. Cuando Henri de Kérillis tenía que morderse los labios porque no podía decir que un mariscal de Francia, el glorioso vencedor de Verdún, actuaba como si estuviese vendido al enemigo, no era la corrupción de la democracia la que estaba patente, sino precisamente la de todo lo que en Francia era hostil a los ideales democráticos.

El proceso de la democracia

La corrupción de los hombres públicos no basta para explicar catástrofes como la de Francia. La causa profunda de lo que había de suceder hay que buscarla en el proceso de los últimos diez años de la vida francesa, proceso claro, evidente, de acabamiento, agonía y descomposición de un pueblo.

Después de la *experiencia Poincaré*, que no fue en definitiva más que el último esfuerzo hecho para ver si merced a la idea de Unión Nacional, Francia podía seguir viviendo a costa de su propia sustancia tradicional, conservadora, rebañando los últimos residuos de vitalidad de la república burguesa, Francia había pasado por algo mucho más terrible y funesto que una revolución triunfante; había pasado por dos revoluciones abortadas; la de las Ligas reaccionarias de 1934 y la del Frente Popular en 1936.

Las energías vitales que le quedaban a Francia después de la sangría de la Gran Guerra y de la lenta consunción que el régimen Poincaré representaba, se gastaron estérilmente en estos dos intentos fracasados de revolución. Ni las Ligas ni el Frente Popular tuvieron fuerza bastante para sacar al país del marasmo en que lo había sumido la costosa e infecunda victoria. Ambos intentos revolucionarios, uno de la derecha y otro de la izquierda, se saldaron con una docena de muertos en la plaza de la Concordia sobre cuyos cadáveres se quiso montar una explotación política repugnante y con unas ocupaciones de fábricas en que los obreros se contentaban con bailar y beber en los talleres con un júbilo pueril de triunfadores que se satisfacen con poco. La *sagesse* francesa sirvió únicamente para hacer inútiles estos dos últimos movimientos de energía vital, de sobresalto de un país que se siente morir poco a poco y reacciona desesperadamente. Gaston Doumergue, primero, y Léon Blum, después, vinieron a raíz de cada una de estas crisis para anestesiar al paciente y volverlo prudentemente a su lenta y sosegada agonía. Todo el talento de estos hombres y de quienes les han secundado ha servido para evitar el dolor. Francia se ha ahorrado las convulsiones terribles, dolorosas, de un parto difícil, pero ha sucumbido dulcemente en la septicemia del aborto.

Porque, ni el movimiento reaccionario francés se liquidó con la disolución de las ligas y las traiciones y sobornos de sus jefes, ni el impulso revolucionario se diluyó en el contento de las vacaciones pagadas y la semana de cuarenta horas.

Los gérmenes de las dos revoluciones abortadas seguían intoxicando el organismo nacional y a partir de 1936 crearon un estado morboso de guerra civil latente, crónica, una guerra civil en la que los ciudadanos no se asesinaban unos a otros pero poco a poco iban asesinando entre todos al país.

Por efecto de la decadencia general, unos y otros habían buscado la línea de menor resistencia y en vez de despedazarse mutuamente, como hacían los españoles, saciaban su odio y su rencor minando y destruyendo la base de sustentación común, el país al que arruinaban, los unos retirándole sus capitales y cerrando sus industrias, los otros escatimándole el esfuerzo de sus brazos. Frente a una Alemania que multiplicaba su producción, Francia disminuía la suya y vivía cada vez más a costa de sus recursos. Los acuerdos del Hôtel Matignon entre patronos y obreros se hicieron a base de que unos y otros salvasen sus intereses y ambiciones encontradas a costa de la nación. Este fue el verdadero sentido de lo que se llamó *la pausa*.

La pausa fue el sepulcro de todas las ilusiones que se había hecho el proletariado, la liquidación a bajo precio pagadero en papel del Estado, de una victoria revolucionaria.

Era evidente que la disminución de las horas de jornada, los salivazos furtivos sobre los automóviles de lujo de los capitalistas y la engañosa sensación de detentar el poder *in partibus* no agotaban las ambiciones del proletariado.

El fracaso del Frente Popular y la liquidación de la *experiencia Blum* que no fue sino una hábil neutralización del movimiento revolucionario del pueblo francés que se sentía morir y quería salvarse como fuera, aunque fuese echándose en brazos de los comunistas, sumieron a las masas proletarias francesas en un estado lamentable de agonía, del mismo modo que después de la *experiencia Poincaré* las fuerzas reaccionarias, que habían querido inútilmente buscar una salvación a su manera provocando el sobresalto revolucionario de las Ligas, perdieron toda ilusión y se dejaron llevar mansamente por los acontecimientos.

Los comunistas, que eran quienes habían creado el Frente Popular, al verlo fracasado quisieron echarse fuera y eludir su responsabilidad en el fracaso reanudando con estúpida contumacia sus campañas de agitación a base de repetir mecánicamente sus viejos eslóganes que después de la ascensión al poder del Frente Popular no tenían ya sentido alguno.

Pretendieron seguir utilizando la guerra civil española como plataforma política, pero el pueblo francés, que había sentido por la República agredida una solidaridad cordial y entusiasta y hubiera estado dispuesto a exigir la ayuda auténtica y eficaz de Francia a los republicanos, descubrió finalmente el siniestro juego de la política comunista respecto de España. Mientras Léon Blum lloraba y se rasgaba las vestiduras para justificar el abandono en que se dejaba a los republicanos y mientras Maisky en el Comité de Londres jugaba el juego de la *no intervención*, desempeñando el papel que le estaba asignado, las células comunistas seguían imperturbables la falsa campaña de agitación proespañola gritando sin ninguna convicción en todas las plazas de los pueblos de Francia:

«*Des avions pour l'Espagne... Pour les enfants d'Espagne... Des canons, des avions...*». Se llegó a tener la sensación de que los aviones alemanes e italianos no despanzurraban niños españoles más que para que sus cadáveres sirvieran de propaganda al estalinismo.

Para los comunistas, la guerra civil española era pura y simplemente una plataforma política. El pueblo francés, que aún era capaz de movimientos sentimentales y generosos, no tardó en irritarse contra esta explotación sistemática de la guerra civil española y su utilización como banderín de enganche del estalinismo. A las brigadas internacionales fueron muchos franceses a quienes su amor por la libertad y su heroísmo no sirvieron sino para que se hiciese de ellos un instrumento de la política estaliniana interesada, con un estrecho egoísmo nacional ruso, en que la guerra contra el fascismo prosiguiese indefinidamente en el Mediterráneo.

El gran delito comunista ha consistido en convertir las agresiones del fascismo contra los pueblos libres en mero instrumento de propaganda del Partido. Esta convicción apartó a las masas populares francesas de sus deberes de solidaridad con los pueblos agredidos y permitió impunemente a las derechas desarrollar su política profascista. Todo movimiento generoso del liberalismo francés se convertía automáticamente en servidumbre a Moscú. Todo intento de fidelidad a la política exterior seguida desde hacía veinte años por Francia era un atentado contra la patria.

Cuando se planteó el problema de Checoslovaquia la opinión francesa no se conmovió siquiera. Los tímidos intentos de las izquierdas en favor de los checos fueron la irrisión de los prohitlerianos franceses. L'Action Francaise se burlaba donosamente de los franceses idiotas que estaban dispuestos a morir *pour les tchéques*. Este lema sarcástico campeaba en Francia inmovilizando los generosos impulsos del liberalismo hasta que el *morir por los checos* se convirtió en morir por Danzig, no menos sarcástico, que, demasiado tarde ya, quisieron recoger como un reto las izquierdas. Francia no comprendió que, para seguir viviendo con dignidad como nación independiente, los franceses tenían que morir por España, por Checoslovaquia y por Danzig. Tal vez, ahora comience a comprenderlo.

Entonces se acusaba de belicistas a los hombres que intentaban provocar una reacción decorosa de Francia ante la vasta maniobra envolvente que metódicamente desarrollaba el hitlerismo con la colaboración de Italia y con la complicidad de los mismos reaccionarios franceses. No eran —según ellos— Mussolini y Hitler quienes creaban al instalar a los falangistas en los Pirineos la tercera frontera que Francia tendría que defender, sino que eran los demócratas franceses quienes creaban esa tercera frontera de lucha al negarse a cerrar los ojos a la realidad y atreverse a proclamarlo.

Jamás un pueblo ha querido engañarse a sí mismo con tan firme voluntad. No era solo que sus dirigentes practicasen la política clásica del avestruz. Era que el pueblo mismo la exigía y la aplaudía. Refieren los íntimos de Daladier que cuando este volvió de Múnich con la conciencia cargada con el peso de la claudicación cometida no pudo contener el asco que le producía la abyección de los grupos que se formaron en la calle para aplaudirle y con una repugnancia incontenible exclamó: «*Les c...!*».

Superioridad del político

Este era el clima moral de Francia. La impotencia y la esterilidad de los últimos movimientos, tanto reaccionarios como revolucionarios, la falta de fe no solo en los hombres, sino en las ideas y en los sistemas, la íntima convicción de la inutilidad de todo esfuerzo colectivo, habían creado un ambiente de claudicación y un sentimiento de derrota en las masas francesas que habían llegado a estar muy por debajo del exponente que eran sus hombres públicos. Esta era la dura realidad. El gobernante francés y en general el político, no obstante su mediocridad, a pesar de todos sus defectos, de su falta de visión histórica y aun, en ocasiones, de su claudicante moralidad, era, en los últimos tiempos, muy superior a la masa que representaba. Este hecho, que cada vez se verá más claro, ha permitido hasta el último instante mantener en pie la ficción de un país que interiormente se había derrumbado. El edificio se había venido abajo y solo quedaba la fachada. Las gentes que veían únicamente esta fachada concluían que era lamentable y estaba llena de grietas y resquebrajaduras, pero no sospechaban siquiera que detrás de ella no había nada. En Francia no quedaba en pie más que la estructura exterior del régimen, de ese calumniado régimen democrático que todavía permitía hacer creer a los extraños que Francia seguía siendo un pueblo fuerte, capaz de desafiar los embates de sus formidables enemigos exteriores.

Las dos grandes fuerzas de destrucción del mundo moderno, el comunismo y el fascismo, la nueva barbarie de nuestro tiempo, que ha conseguido arrastrar consigo las eternas antinomias de tradición y revolución, pobreza y riqueza, nación y universalismo, habían librado en Francia una larga batalla no por incruenta menos funesta. Todo había sido arrasado a derecha e izquierda. Quedaba únicamente lo que era indestructible, la norma, el espíritu, que si bien no impide a las naciones morir, es lo que las permite resucitar.

El gran error

El proceso de descomposición que venía siguiendo Francia parecía detenerse súbitamente al borde del abismo al estallar la guerra. Hubo un momento en el que se tuvo la impresión de que Francia iba a salvarse una vez más gracias al aglutinante del peligro exterior. Como hemos dicho, el ciudadano francés al acudir a la orden de movilización había hecho tabla rasa de sus querellas, había olvidado sus odios, sus intereses de clase y hasta sus pequeños egoísmos personales e iba dispuesto a todo. Había en el pueblo francés una cierta voluntad de sacrificio nacida de la desesperación que hubiera podido salvarlo. En esta actitud no hubo excepciones. Los comunistas acudieron a los cuarteles con la misma buena voluntad y el mismo sentimiento patriótico que los demás. Incluso podía advertirse en ellos una preparación espiritual a la disciplina militar que sorprendía a sus nuevos jefes. Algunos de estos se maravillaban:

—El material humano que habían reclutado esos canallas de comunistas —me decía un oficial, naturalmente reaccionario— es formidable. Nunca he visto soldados mejores. Parece mentira que tales hombres hayan podido ser sugestionados y extraviados por el comunismo. ¡Qué Francia soberbia vamos a hacer con ellos cuando les arranquemos de Moscú y los inclinemos del otro lado!

Aquel oficial, y como aquel otros muchos, no quería comprender que era precisamente el comunismo lo que había procurado a aquellos hombres sus virtudes militares. Desde el primer momento, se vio que una parte de la oficialidad francesa iba a emprender la peligrosa operación de atacar a fondo la moral de una masa de hombres en el momento mismo de llevarles al combate. Era una aventura peligrosa.

La descomposición empezó desde el momento mismo en que aquellos grupos de ciudadanos que habían ido llegando a los centros de movilización con el mejor espíritu y después de haber pactado una tregua en sus discordias civiles, cayeron en la trituradora del aparato militar. Hay que decirlo de una vez. El ejército francés, sus cuadros, su sistema, han sido incapaces de utilizar la masa de humanidad que se les confiaba.

Las corruptelas militares

Desde el primer momento de la movilización, el ciudadano francés se encontraba metido en un engranaje rudimentario y herrumbroso que funcionaba mal, chirriando, atascándose, tropezando constantemente. Por primera pro

videncia, aquel hombre que había abandonado sus quehaceres y su familia con una voluntad de acción y de resolución imperiosas, se encontraba tumbado estúpidamente en
un puñado de paja esparcida sobre el parquet reluciente de
una sala de baile o un cine convertidos en centros de movilización donde había de permanecer inmóvil horas y horas, días y días, semanas y semanas, consumiéndose en la
inacción y la desesperación mientras los rábulas de la administración militar se dedicaban morosamente al expediente
para irle vistiendo, calzando y armando, tarde y mal. El soldado tenía la impresión neta de que al abandonar su vida
civil había caído en un estancamiento fatal, en un pozo de
estupidez del que no conseguiría salir más que por su propio esfuerzo personal, mucho más eficaz que las disposiciones de la superioridad y que los reglamentos meticulosos
con los que en definitiva no se conseguía nunca nada eficaz. Esto era tan evidente que llegó a implantarse en todos
los grados del ejército lo que humorísticamente se llamaba
el *sistema D*, es decir, el sistema *débrouillard*, consistente en
que cada cual se las arreglase como pudiese sustituyendo
con su ingenio y su iniciativa personal la tramitación regular que nada resolvía en definitiva. Esto creaba en el seno
de la organización militar un fermento anarquista desastroso. La disciplina quedaba reducida al cumplimiento mecánico de ciertos ritos militares, los más vacíos de sentido,
por lo general. El rito del saludo fue desde el primer instante uno de los que se suprimieron de manera vergonzante.
Los soldados consideraban humillante el saludar a los oficiales, quienes, por su parte, desdeñaban el corresponder
al saludo de sus inferiores y se llegó prácticamente a supri-
mir el saludo, estableciendo el convencionalismo estúpido

de que cuando un oficial veía venir a un soldado volvía la cabeza hacia otro lado para no enterarse de si el soldado le saludaba o no. Análogos convencionalismos se establecieron en cuanto al uso del uniforme y de las prendas reglamentarias. El soldado, en teoría, debía vestir de una manera uniforme, pero en la práctica cada cual se vestía como le daba la gana. La ambición personal de cada soldado era la de no parecerse a los demás en su indumentaria, la de vulnerar los reglamentos. En esto se derrochaban prodigios de imaginación. La administración militar suministraba al soldado, por ejemplo, un gorro de cuartel uniforme. Pues bien, cada soldado ponía todo su empeño en deformar aquel gorro para darle una forma arbitraria, personal y exclusiva como si la uniformidad fuese un atentado a su dignidad. Lo estiraban, lo encogían, le remitían las puntas, se las aguzaban, lo plegaban, lo torcían, lo adornaban con insignias y escarapelas, todo menos colocárselo en la cabeza de una manera regular y uniforme.

Los defectos de la Intendencia Militar, sus fallas y la vejez de sus almacenes favorecían este prurito de diversidad. Se daba a los reservistas de cuarenta años las mismas guerreras azul-horizonte que se habían quitado en 1918 y como no podían meter en ellas su voluminoso abdomen de hombres maduros andaban desabrochados luciendo desenfadadamente sus camisas, sus chalecos y sus corbatas de hombres civiles. Hubo un momento en que a la Intendencia le faltaron pantalones. Los jefes, que también practicaban el famoso *sistema D*, resolvieron incautarse de las existencias de varios almacenes de ropas hechas de París y vistieron a sus hombres con unos grotescos pantalones civiles a rayas que los soldados denominaron humorísticamente *pantalón*

Daladier. Tampoco había botas bastantes en los almacenes y se veía a los soldados calzados con zapatos de fantasía de los más caprichosos colores y las formas más arbitrarias.

Un ejército que no sirve para nada

Este ejército abigarrado y grotesco que se veía en los acantonamientos de la retaguardia, vestido todavía con el famoso uniforme azul-horizonte que reglamentariamente debía haber sido sustituido por el uniforme caqui, daba la impresión de ser un ejército perfectamente superfluo.

Aquellos millones de hombres movilizados, mal vestidos y desarmados, no servían para nada. Se veía que el Estado Mayor que se había apoderado de ellos para tenerlos al alcance de la mano en los centros de movilización, no sabía qué hacer con ellos luego. Así habían de permanecer meses y meses aburriéndose y desesperándose mientras los campos quedaban sin laborar, la mano de obra escaseaba en las fábricas y los comercios se cerraban. La vida del país se había paralizado mientras tres millones de hombres ganduleaban por cuenta del Estado consumiendo cantidades fabulosas de provisiones, aburriéndose y desesperándose sin la más remota posibilidad de que pudieran convertirse nunca en verdaderos combatientes.

Tumbado en la paja de su acantonamiento, inmovilizado por la codicia de hombres del Estado Mayor, el ciudadano francés presenciaba pasivamente el desmoronamiento del país.

Esta ociosidad, y sobre todo, esta conciencia de la propia inutilidad, fueron desde el primer día el principal elemento de corrupción de la masa que había acudido a la orden de movilización general con un espíritu que hubiese podido esperar la victoria. No se podía dejar a los hombres pudriéndose en la incomodidad inútil de los acantonamientos. Era estúpido arrancarles de sus actividades civiles, separarles de sus familias, desinteresarles de sus industrias y negocios para dejarles abandonados al ejercicio oneroso de ciertos ritos militares sin ninguna eficacia. En sus largas horas de inacción, el soldado, a quien se había despojado de sus virtudes cívicas, caía fatalmente en todos los vicios militares sin que se llegase a infundirle ninguna virtud militar verdadera.

El fracaso de los cuadros de mando

Lo que en Francia ha fallado, primera y principalmente, no ha sido el pueblo sino el ejército, no ha sido la democracia sino el mili- [...]*-taba dispuesta al sacrificio, sino los cuadros de mando que no han sabido utilizarla ni infundirle espíritu alguno. De la derrota de Francia se sacaron impresionantes conclusiones antidemocráticas, pero la verdad es que lo que ha fallado antes que nada en Francia no ha sido el pueblo, sino el ejército; no ha sido la democracia, sino el militarismo; no ha sido el liberalismo del pueblo, sino el prejuicio antiliberal de los jefes. No vamos a caer en la puerilidad de creer que esas afirmaciones pintorescas de individualidad que hemos apuntado, esa personalidad arbitraria del ciudadano que se resiste a la uniformidad militar, ha sido la causa profunda de la catástrofe de Francia. Con ciu-

* Falta texto en la edición original.

dadanos franceses análogos a estos de ahora, más rebeldes, más arbitrarios y con más prejuicios revolucionarios había hecho Napoleón sus famosos *grognards*.

En el ejército francés había también esta vez —aunque el volumen de la derrota lo haya hecho desaparecer— el germen de un nuevo *grognard* y un nuevo *poilu* que, sin la incapacidad fundamental de los jefes, hubiese podido salvar al país una vez más.

A medida que reflexionemos más hondamente en la catástrofe de Francia tendremos una convicción más firme en que no han sido las corruptelas de la democracia y el liberalismo sus causas auténticas y estaremos más convencidos de que a la derrota física del país no hay que unir la derrota moral y el fracaso de cuanto representaba Francia ante el mundo como ciegamente han creído quienes esperan hoy que, negando la esencia misma de la nación, imitando servilmente al vencedor, sometiéndose no solo a su ley, sino a su espíritu, tienen algo que salvar.

«Con una guerra de retraso»

Estos jefes militares que hoy intentan justificar su vergonzosa sumisión al enemigo diciendo que el pueblo no ha querido batirse son los responsables principales de la derrota. Si ellos hubiesen querido, si hubiesen sabido llevar a los hombres al combate, el pueblo, a pesar de todo, se habría batido. Pero, aparte la voluntad de sumisión al hitlerismo que existía entre los jefes militares franceses enemigos de la democracia y por tanto traidores a la causa que debían defender, existía la incapacidad profesional de una inmensa mayoría de jefes y oficiales. El hecho de que la Escuela Militar francesa fuese la primera de Europa, la perfección académica de sus enseñanzas y el mérito personal de sus profesores no han servido para mantener en los cuadros de la oficialidad la capacidad de mando y la eficacia indispensables.

Muchos de los oficiales que habían tomado parte en la Gran Guerra habían ido ascendiendo automáticamente sin que hubiesen vuelto a preocuparse de las evoluciones que el arte militar hubiese podido experimentar en los últimos veinte años. Para ellos, la forma definitiva de la guerra se había conseguido en Verdún de una vez y para siempre. Humorísticamente decíase en los medios militares franceses que el Estado Mayor va siempre «con una guerra de retraso». En 1914 quería hacer la guerra como en 1870 y en 1939 estaba pensando todavía en la guerra de 1914.

Esto no escapaba, naturalmente, a la comprensión de un fuerte núcleo de oficiales y jefes inteligentes y bien preparados que, por extraña paradoja, abundan más en el ejército francés que en ningún otro ejército del mundo. La gran mayoría de los oficiales tenía la convicción de que el ejército francés iba a la guerra con un concepto de ella anticuado y funesto. Cualquier mediano oficial decía a todo el que le quería oír que las concepciones estratégicas del Estado Mayor eran viejas y estaban sobrepasadas por el nuevo concepto de la guerra impuesto por el empleo sistemático de las unidades blindadas y motorizadas. Esto, aunque parezca extraño, lo sabían todos y lo decían todos sin ningún recato. No era que una pequeña minoría fuese más avisada que el resto de la oficialidad y hubiese descubierto a última hora un secreto táctico que la mayoría ignorase o no estuviese en condiciones de comprender. La posición doctrinal del general De Gaulle era compartida por casi todos los jefes del ejército, quienes veían con sorprendente lucidez la posición de inferioridad de la estrategia francesa ante la alemana al plantearse la guerra. Se había convertido en tópico la afirmación de que la táctica anticuada del Estado Mayor francés ante las divisiones blindadas de Hitler correspondía exactamente a la posición funesta en que se encontraban ante las divisiones de Napoleón las masas de regimientos infinitamente superiores de que disponían contra él los ejércitos aliados.

De esto, todo el mundo estaba absolutamente convencido. En el famoso *Salón Rojo* del Ministerio de la Guerra, donde todos los días un portavoz del Estado Mayor hacía la exégesis del parte oficial ante los cronistas y comentaristas de las operaciones militares, esta inferioridad fundamental de la táctica francesa se consideraba como un axioma. Nadie se engañaba. Y esto era lo más extraño y desconcertante. Porque nadie hacía el menor esfuerzo para reaccionar contra esta terrible verdad cuya evidencia todos aceptaban resignadamente como si se tratase de un hecho fatal, ineluctable.

Vencidos antes de entrar en lucha

Los acontecimientos han demostrado que el ejército francés se consideraba vencido aun antes de entablar la lucha. Se ha dicho, incluso, que el generalísimo Gamelin mismo estaba íntimamente convencido de la falsa posición estratégica que había adoptado y con sus millones de hombres apelotonados detrás de la Línea Maginot, esperaba solo poder mantener la apariencia de frente de batalla, mientras evolucionaba la situación política internacional creando unas nuevas circunstancias que evitasen la trágica realidad de una batalla verdadera que el ejército francés no estaba en condiciones de emprender. Una gran parte de los jefes del ejército francés estaba convencida de que si al final de las llamadas «ofensivas de paz» había que luchar de verdad, se perdería irremisiblemente. Y no se sabe por qué oscuras y acaso inconscientes inclinaciones se habían hecho a la idea de que no se lucharía de veras, de que no habría guerra. ¿Tenían desde luego la idea fija de la capitulación aunque fuese en la subconsciencia?

Entre la masa de oficiales todo esto no llegaba a formularse de una manera concreta, pero estaba latente. Por eso ni los jefes ni los oficiales hicieron desde el primer momento el esfuerzo mental necesario para pensar la guerra y el esfuerzo físico indispensable para hacerla con alguna eficacia. Se dejaron llevar con una pereza mental increíble por el curso fatal de los acontecimientos negándose desesperadamente a todo lo que no fuese el cumplimiento formalista de unos ritos castrenses sin ningún sentido.

La oficialidad colonial y el ciudadano movilizado

Frente a esta inacción de una oficialidad sin ningún espíritu de lucha que dejaba a los hombres pudrirse de aburrimiento y desesperación en sus camastros de paja, no había más que la acción apasionada del núcleo verdaderamente profesional del ejército, es decir, de la oficialidad formada y aguerrida en la escuela colonial. El oficial de tropas coloniales francés era excelente, sabía mandar y llevar a los hombres al combate, pero su técnica de mando chocaba desastrosamente con la realidad de la masa humana que la movilización general del país ponía en sus manos.

Los ciudadanos movilizados, *el pueblo en armas* de la República, no podían ser sometidos a la táctica característica de los colonistas, sobre todo teniendo en cuenta que el colonialismo militar francés había adoptado en los últimos años una significación política francamente antiliberal y antipopular. No hay que olvidar que hubo un momento en el que las Ligas pensaron que el general Lyautey, el gran artífice de la colonización en Marruecos, era el hombre que podría salvar a Francia de la catástrofe que se veía venir, con solo poner en práctica los métodos de la colonización en la metrópolis misma, para acabar de una vez con la descomposición interior que el régimen democrático no acertaba a cortar. En febrero de 1934, al día siguiente de los sucesos de la plaza de la Concordia, el general Lyautey estaba dispuesto a poner en manos de su equipo de oficiales colonistas la empresa de la salvación de Francia. Se quería hacer de él un nuevo Boulanger y la empresa enemiga del régimen democrático jaleaba a sus oficiales presentándolos como los enemigos jurados de todo liberalismo, como los arcángeles que podrían aplastar la hidra revolucionaria. Cada oficial colonista era, por principio, un adversario del régimen por el que Francia, en definitiva, se veía obligada a batirse: la democracia.

Estos hombres, profesionalmente irreprochables, habían de ser funestos al hacerse cargo de la masa popular movilizada. Conozco casos elocuentísimos que revelan la magnitud del error que estos hombres habían de cometer al creer que con la guerra había llegado al fin su hora. Uno de aquellos oficiales, buen comandante de tropas marroquíes, había recibido a los reclutas que para formar su unidad le había enviado el centro de movilización con estas o análogas palabras:

—Sé que sois *rojos* casi todos. Pero no me importa. Yo soy eso que ustedes llaman un *fachista*. Tampoco les importa a ustedes. Pueden ustedes tener las ideas que quieran; yo tendré las que se me antoje. Pero aquí quien manda soy yo y haré de vosotros lo que me dé la gana. Os llevaré al combate cuando y como me parezca bien, obedeceréis ciegamente y lucharéis bajo mis órdenes sin la menor vacilación, sin rechistar siquiera. Tanto me da que seáis comunistas como si fueseis senegaleses o malgaches. Iréis hacia adelante o marcharéis hacia atrás cuando yo lo mande y me seguiréis, igual si os llevo contra las líneas alemanas que si os doy la orden de marchar sobre París. No quiero en el batallón *ciudadanos conscientes*, sino soldados que obedezcan como autómatas. Para mí sois una tropa como otra cualquiera. Haré con vosotros lo que me dé la gana.

Y alzando despectivamente los hombros volvió la espalda a sus hombres después de esta breve y contundente arenga. El soldado comunista que me refería esta escena comentaba con no menor desprecio:

—El comandante sabía que no tenía nada que esperar de nosotros y por eso hablaba así, pretendiendo imponerse por el terror. Es igual. Haremos lo que mande mientras no haya más remedio, pero si alguna vez entramos en fuego la primera bala que salga de nuestros fusiles será para él.

Desde el punto de vista estrictamente militar aquel comandante tenía tal vez razón y hablaba a sus hombres como quizás debe hablar a su tropa un jefe consciente de su deber y su responsabilidad. Pero el tremendo error de aquella actitud consistía en que aquellos soldados no eran una tropa colonial o mercenaria, no eran senegaleses o malgaches, sino ciudadanos movilizados por una república democrática para la defensa de la democracia, precisamente, y en contra de un régimen que emplea el mismo lenguaje que empleaba aquel oficial. ¿Por qué hacerse matar en una guerra contra el hitlerismo para verlo triunfante en la boca de los mismos jefes que debían llevar a los hombres a tan estéril combate?

A partir de aquel momento, el ejército francés formado con ciudadanos de la República estaba virtualmente deshecho. Los demócratas percibían claramente la inutilidad fundamental de la lucha que emprendían y los comunistas, por su parte, adquirían la convicción de que desde el momento en que se hallaban bajo el poder de aquel comandante estaban ya derrotados:

—Nos hablan de derrota y victoria —me decía un comunista a mediados de septiembre—. ¿Pero es que nosotros no estamos ya derrotados? ¿Qué más nos da que nuestro comandante hable francés o alemán si ha de decir lo mismo?

Lo curioso y significativo es que unos meses después, mientras para los verdaderos demócratas se mantenía insoluble y agobiador el problema de conciencia que representaba el ir a la lucha por la democracia y la libertad a las órdenes de un jefe enemigo jurado de ambas, para los comunistas, sometidos sin gran esfuerzo a la disciplina de los jefes fascistas, había dejado de existir radicalmente el problema de conciencia. Unos y otros habían llegado a una inteligencia. La verdad evidente, tanto para los jefes fascistas como para los soldados comunistas, era que aquella guerra absurda no había por qué hacerla. Por encima de las cabezas de los pobres demócratas atónitos se habían dado la mano. Y el bravo soldado comunista que reservaba la primera bala que saliera de su fusil para volarle la cabeza al comandante fascista de su batallón, decía de él con manifiesta simpatía:

—*C'est un chic type, quand même...*

Miseria espiritual

Espanta pensar en el abismo que existía entre la dura realidad de los problemas que planteaba la guerra y los grotescos convencionalismos con que se pretendía resolverlos. Tres millones de hombres a quienes se había apartado de sus preocupaciones, sus trabajos, sus afectos familiares y sus negocios y a quienes se pretendía despojar incluso de sus ideas políticas y sus sentimientos de clase, se encontraban en el espantoso vacío espiritual de una vida de guarnición morosa y desesperante. Para llenar este vacío los elementos dirigentes de París recurrían a los arbitrios más ingenuos y absurdos. Se quería entretener a tres millones de hombres cargados de angustiosos problemas viriles con puerilidades absurdas y juguetes baratos, como si se tratase de tres millones de niños. Unos comités patrióticos que funcionaban ostentosamente en París con personajes de relumbrón a la cabeza y asistidos por distinguidas damas de la buena sociedad, recaudaban fondos para comprarles a los soldados balones de fútbol, barajas de naipes y juegos de lotería. Era realmente ofensivo para la dignidad de los hombres movilizados el concepto que tenían de sus necesidades espirituales las gentes de la retaguardia. El soldado, por el hecho de serlo, era tratado estúpidamente como si fuese un menor, un primario, un pobre infeliz en cuyas manos se ponían unas baratijas insustanciales para entretenerle. La irritación que entre los soldados producía esta incomprensión de los de la retaguardia era terrible.

París, y en general toda la retaguardia, había adoptado para con los soldados un aire ofensivamente protector como si se tratase de unos reclutas negros a quienes se pudiese engañar con unas cuentas de vidrio. Se olvidaba que ese soldado a quien se le ofrecía un juego pueril para que se distrajese era un hombre culto, civilizado, un ciudadano que había abandonado una vida intensa, complicada, difícil. Se daba el caso en los primeros tiempos de que los mismos soldados hacían un esfuerzo de simplificación, procuraban animar su espíritu, se prestaban a la farsa grotesca, se zambullían deliberadamente en la frivolidad ingenua de la vida militar y con la mejor buena fe del mundo se ponían a corear los estribillos de Josefina Baker o las salidas de tono de Mauricio Chevalier.

Viendo la inanidad espiritual de todo aquello que se les servía, se prestaban condescendientes al juego de la insustancialidad con que los idiotas de la retaguardia se hacían la ilusión de tenerles espiritualmente satisfechos. Una de las preocupaciones de París era encontrar una canción de guerra que sustituyese a la vieja *Madelon*. Para encontrar esta canción simbólica con cuyas estrofas en los labios marcharían las tropas alegremente hacia la victoria, se organizaban concursos y se concedían premios cuantiosos. Pero Francia no era capaz de producir ni siquiera una buena canción de guerra y los franceses tenían que contentarse con el plagio de *La hija de Madelon* o con la traducción de *La Línea Sigfrid* que venían cantando los ingleses.

La concepción lamentable que de la vida espiritual de los soldados y sus necesidades tenían los directores de Francia la demostraban las emisiones radiofónicas dedicadas a los hombres del frente, aquel *cuarto de hora del soldado,* monótono e insustancial, torpe y sin gracia, que era una verdadera vergüenza para Francia. Lo extraordinario es que al frente de la radio había sido colocado un intelectual de la altura de Georges Duhamel.

La barbarie antidemocrática

En Francia se ha producido en los últimos tiempos un extraño fenómeno de claudicación espiritual. En todos los sectores de la vida nacional se advertía un rebajamiento de las calidades espirituales inaudito en un pueblo de la tradición espiritual del pueblo francés. Nunca Francia ha ofrecido al mundo un espectáculo tan lamentable de pobreza espiritual, de ramplonería, de falta de gracia, de platitud, incluso de grosería y ruindad.

Esta decadencia espiritual francesa, que era fácilmente perceptible, no ha sido sin embargo, como los enemigos de Francia y de la democracia han querido hacer creer, el reflejo de un agotamiento de la capacidad creadora, de un rompimiento de la continuidad de la cultura francesa. Adviértase bien que hablamos de decadencia espiritual y no de decadencia intelectual, de espíritu y no de inteligencia. Hay que tener presente la diferencia que existe entre la escala de los valores humanos. La inteligencia francesa quizás no haya existido nunca tan aguda como en los últimos tiempos, quizás no haya trabajado nunca con tanta intensidad. Pero esta inteligencia trabajaba en el vacío, giraba vertiginosa e inútilmente como la hélice de un buque cuya proa ha encallado en un banco de arena y cuya popa levantada se queda fuera del agua. El barco estaba varado y en la bajamar de la democracia las aspas de la inteligencia francesa batían el aire vanamente.

Era inútil que el Estado requisase a los intelectuales y que estos se pusiesen dócilmente a la faena de infundir un espíritu a la masa. Su esfuerzo era baldío. Mientras Georges Duhamel pensaba la radio con fina percepción, las estaciones emisoras francesas inundaban el mundo de melodías lamentables y palabras irritantes. Mientras André Maurois encerrado en su despacho del Hôtel Continental invocaba inútilmente la presencia del *espíritu francés* rebelde a la cita que se le daba para que acudiese a las patas de los veladores de la Administración, las calles estaban invadidas por una grosería primaria y una estupidez fundamental. Mientras Jean Giraudoux daba de la guerra los boletines más sutiles y escépticos que se han dado nunca de una guerra, la interpretación de esta que rodaba por las calles y las trincheras de boca en boca no podía ser más ruin y rastrera. No era la inteligencia de las minorías, sino el espíritu de la masa lo que fallaba en Francia.

A esta masa francesa se le había destruido estúpidamente su vieja fe en la democracia, la libertad, las virtudes cívicas que la habían sostenido y animado salvándola de todas las catástrofes.

Falta de este impulso generoso del liberalismo, al que había debido siempre toda su espiritualidad, la masa francesa había caído en una abyección gregaria no por circunstancial menos odiosa que el gregarismo consustancial del germano. Esta ha sido la obra funesta de los enemigos de la democracia, tanto de la derecha como de la izquierda, tanto de los comunistas como de los fascistas. Francia ha ido sucumbiendo a medida que se extirpaban en el pueblo las virtudes de la democracia. Querían acabar con la democracia y han acabado con Francia. Querían destruir el espíritu liberal y han destruido el espíritu francés. Este espíritu, que había conquistado el mundo entero, estaba últimamente aherrojado por la nueva barbarie del antiliberalismo y Francia, por ello, había caído en tal miseria que ni siquiera tenía fuerza espiritual para crear un estribillo popular.

Un ejemplo elocuente de esta miseria espiritual habrán de ser ante la historia las colecciones de los periódicos publicados por los soldados en el frente y en los acantonamientos de la retaguardia durante medio año de inactividad. En esos millares de publicaciones, que debían ser la manifestación espontánea del espíritu de las unidades combatientes, no hay ni un rasgo de ingenio, ni un adarme de gracia, ni una inquietud espiritual. Comparar estas *hojillas caqui* de ahora con las hojas azul-horizonte de la Gran Guerra permite medir exactamente la decadencia, o, mejor dicho, la anulación del espíritu francés, de por qué ha dejado impasible que se derrumbe su patria, no hay más que hojear estas publicaciones en las que la vulgaridad y la estulticia alcanzan límites verdaderamente insospechables.

El rebajamiento de las calidades espirituales del individuo al verse incorporado a la masa ingente y amorfa del ejército era terrible. Parecía que el ejército francés en vez de ser una escuela de virtudes heroicas actuaba como una trituradora de humanidad. La inclinación antidemocrática de la mayoría de los jefes les llevaba a convertir a las masas de ciudadanos que se les entregaban en una papilla humana repugnante, en esa masa blanda que las columnas motorizadas enemigas han rendido sin ningún esfuerzo.

Los hombres de verdadero valor espiritual y de más fuerte y acusada personalidad se envilecían en la promiscuidad de los acantonamientos. Se habían creado unos *Hogares del soldado* cuya finalidad parecía no ser otra que la de sumir en la memez y la insustancialidad a los hombres. Un joven pintor de gran talento que se hallaba movilizado me contaba que un día le había llamado su comandante para encargarle la decoración de una vasta sala en la que había de ser instalado el hogar del soldado.

—Pínteme usted en las paredes —le había dicho— algo que sea divertido y patriótico, para que los muchachos estén alegres y tengan buena moral.

—Yo no sé pintar nada divertido y patriótico —replicó malhumorado el artista.

—¡Cómo! ¿Pues no es usted pintor? ¿Qué pinta usted entonces?

—Yo hago pintura abstracta —repuso el artista con altivez.

El comandante frunció las cejas y luego, alzándose de hombros, añadió:

—Bueno; pinte usted lo que le dé la gana con tal de que no sea comunista. Como me pinte usted algo que huela a comunismo lo encierro en el calabozo durante dos meses. ¡Ah! ¡Y ponga usted banderitas, muchas banderitas tricolores!

Me contaba aquel pintor recluta que había puesto todo su entusiasmo y su fe de artista en resolver el difícil problema estético que aquel encargo planteaba a su conciencia. Podía haber salido del paso con unos brochazos que hubieran entusiasmado al comandante y a todo el regimiento, pero quiso honradamente acometer la dificultad como si estuviese resolviendo en aquellos paredones de un caserón aldeano el problema general del arte en su tiempo y en su país.

—Lo difícil —me decía el artista sonriendo— era hacer en aquellas paredes una obra de arte verdadero a base del tricolor nacional. Poner en las paredes todas las banderitas tricolores que quería el comandante con un sentido artístico universal y moderno. Hacer que el blanco, el rojo y el azul recobrasen como colores vivos todo el prestigio que como símbolos habían ido perdiendo. Aquello fue mi obsesión. Tuve la sensación de que resolver honradamente aquella dificultad en todos los órdenes de la vida era resolver el problema de Francia.

—¿Y lo resolvió usted?

—No lo sé. El comandante se limitó a comprobar que yo no había pintado nada que tuviese reminiscencias comunistas y los soldados ni siquiera alzaban los ojos de las cartas con que jugaban enconadamente a la *belote* para molestarse en mirar a las paredes. Sin el espectador desinteresado y sin el crítico, el arte no se realizaba nunca plenamente. Creo que en Francia nos faltan ambos, no solo para la obra de arte, sino para toda obra del espíritu. Tanto da pintar bien o mal, como gobernar bien o mal, escribir, construir, hacer música, inventar o descubrir. Las masas nos han vuelto la espalda y no miran anhelantes más que hacia la nueva barbarie.

El malhumor del soldado

El ocio hacía irritables a los soldados. Constantemente estallaban entre ellos disputas y reyertas que tenían que ser reprimidas duramente. Los jefes pedían constantemente auxilio a la retaguardia. «¡Ayudadnos a distraer a nuestros hombres si queréis que mantengamos su moral!». Y la retaguardia creía cumplida su misión enviando al frente chocolate, juegos pueriles y libros sutiles que *Monsieur* Duhamel y sus secretarias seleccionaban con un selecto criterio. Los soldados tiraban los libros y se iban a la cantina a emborracharse concienzudamente y a golpearse unos a otros con una saña y un mal humor terribles.

El alejamiento de sus hogares y sus negocios se les hacía cada vez más insufrible. Únicamente la guerra verdadera, el trance heroico, el milagro inminente hubieran podido borrar el recuerdo de su vida anterior que los desasosegaba. Pero la realidad era que no había guerra, que no había peligro, que no se luchaba ni se hacía nada en aquel estancamiento siniestro en que habían caído. El enemigo sabía que aquellos nueve meses de maceración bastarían para corromper la moral del ejército francés y para diluir su voluntad de lucha.

En las primeras semanas el soldado se había visto absolutamente incomunicado con su vida anterior y se había aplicado con la mejor voluntad a la servidumbre militar. El correo había funcionado mal —como tantas otras cosas— y las cartas de la retaguardia no llegaban. Pero a medida que la comunicación fue regularizándose y el hombre condenado a la inacción volvía a interesarse por sus negocios y sus asuntos domésticos, la irritación y la impaciencia fueron creciendo, entre aquellos soldados aburridos había jefes de empresas industriales y comerciales que seguían rigiendo sus asuntos y despachando incluso su correspondencia sentados en un montón de paja y alumbrándose con una vela de sebo. Y, fatalmente, aquellos hombres se preguntaban si era realmente indispensable toda aquella incomodidad, si no haría mejor el gobierno en mandarlos a sus casas y si no convendría más terminar de una vez, como fuese, aunque no se ganase la guerra. De cualquier modo se perdería menos que si se seguía indefinidamente de aquella conformidad. Este fue uno de los gérmenes más activos del derrotismo.

Como no había guerra los hombres no se preocupaban del frente, sino que tenían puestos sus cinco sentidos en la retaguardia. Vivían en los acantonamientos pendientes del correo. No creo que se haya dado nunca el caso de un ejército en campaña cuyos hombres hayan estado consagrados tan intensamente a sus asuntos civiles, los abogados evacuando sus consultas, los comerciantes haciendo sus pedidos, los industriales dirigiendo sus instalaciones, los labradores cuidando su sementera, todo ello con incomodidad, mal hecho, con retrasos, con dificultades irritantes que no se podían salvar.

Este ejército vuelto de espaldas a la guerra exigía no solo una comunicación rápida y constante con la retaguardia, sino un régimen especial de permisos periódicos que hacía necesaria una vasta y meticulosa organización de la burocracia militar. Poco a poco resultaba que aquel ejército estaba cada vez mejor organizado, pero no para la batalla, sino para todo lo contrario, para la evasión hacia la retaguardia.

El país real y el país oficial

Todos los idiotas del mundo —incluso los idiotas demócratas— se han puesto de acuerdo en proclamar que la democracia y el liberalismo, con su corrupción, su incapacidad, su falta de energía y resolución, han sido la causa fundamental de la decadencia de Francia y de su derrumbamiento final. Esta unanimidad en el juicio de los tontos es uno de los mayores prodigios realizados por los fabulosos medios de captación de que dispone en nuestro tiempo la propaganda manejada sin escrúpulo por los Estados. Porque, la verdad, la última verdad de Francia, la pura verdad, que hay que estar ciego para no ver, es precisamente la contraria.

Francia era un país que había entrado en un período de decadencia por muchas y muy diversas causas, una de ellas, por cierto, el abandono de su liberalismo y su democracia consustanciales y que solo gracias a las virtudes de lo que aún quedaba de liberalismo y democracia se había mantenido en pie, seguía teniendo la apariencia de una gran nación, conservaba un imperio colonial y se hacía la ilusión de que podría afrontar a un formidable enemigo exterior. Lo que quedaba en Francia de espíritu liberal, de sentimiento democrático, era lo único que apuntaba y mantenía exteriormente la cohesión de un pueblo en franca descomposición que hubiese sido vencido y humillado mucho tiempo antes de no haber estado protegido por esa armadura de su régimen liberal y democrático. Esa armadura mantenía en su silla de batalla a un cadáver que se ha venido a tierra apenas fue tocado por la punta de la lanza enemiga.

Cuando los franceses, haciendo coro al doctor Goebbels, decían que era la democracia, el régimen parlamentario, el liberalismo, la República, lo que estaba podrido, se engañaban o pretendían engañarse ocultando pudorosamente que no era el país oficial, como decían, sino el país real, la Francia que se creía inmortal con sus veinte siglos de civilización, la que llevaban a la muerte las generaciones impotentes de la posguerra.

No creo que nadie se haya atrevido a proclamarlo antes de ahora, pero, para mí, la verdad evidente, inconclusa, es que la Francia real valía todavía menos que su representación política, el pueblo francés se había hecho indigno de su régimen democrático, el elector valía menos que el diputado, el administrado menos que el administrador, el lector menos que el escritor, el industrial, el comerciante, el financiero menos que el director general o el ministro del ramo y, en general, el gobernado menos que el gobernante. Aun en los casos flagrantes de incompetencia, debilidad o inmoralidad con que los enemigos de la democracia se gargarizan, el hombre, el político, ha estado siempre por encima de las circunstancias. Poincaré era muy superior a la burguesía francesa que representaba y cuya quiebra fraudulenta contuvo eficazmente.

Briand presentaba ante el mundo una Francia humana, universal, generosa y segura de sí misma que desgraciadamente había dejado de existir. Daladier encarnaba un tipo de hombre francés medio, honesto, inteligente, laborioso, *sage* y valiente que en la realidad había desaparecido. Léon Blum tenía mucho más sentido revolucionario que las masas del frente popular y, si se profundiza, se advierte que hasta Pierre Cot, «el hombre que había que ahorcar», según los enemigos de la democracia, había sido un ministro como la aviación militar francesa y el Estado Mayor francés no se lo merecían.

Cualquiera de estos hombres, si hubiese tenido entre las manos un pueblo, un pueblo de verdad, habría podido ser un gran estadista o por lo menos un excelente y benemérito gobernante. Con hombres por lo general no más inteligentes ni mejor preparados ni más honestos, había hecho Francia una gran parte de su grandeza. Los equipos gubernamentales que se han sucedido en Francia en los últimos diez años de fracaso en fracaso, son infinitamente superiores a las bandas de aventureros acaudillados por Goering o Italo Balbo que aspiran a adueñarse del mundo.

De este hecho evidente, de la convicción de que en la democracia los mejor dotados fracasaban mientras en los regímenes totalitarios el material humano más innoble, los antiguos confidentes de la policía, los chulos, los estafadores, toda la escoria de una mesocracia ruin se convierte fácilmente en instrumento eficaz de gobierno, se ha deducido la superioridad fundamental de los regímenes autoritarios. Un régimen que convierte a los profesores de Universidad en viles servidores de los intereses particulares que se entrechocan en la democracia —piensan sus enemigos— es positivamente inferior a un régimen que sabe convertir en estadistas a los *gangsters*. Un régimen que hace de Charles Maurras un panfletista contumaz no tiene punto de comparación con un régimen que tiene la virtud milagrosa de hacer de Goering nada menos que un estadista.

Este es el gran señuelo del totalitarismo. Mientras la democracia mantiene a los hombres en un estado permanente de impureza, el totalitarismo es un Jordán purificador maravilloso. Mientras el demócrata tiene que subir un calvario con la cruz a cuestas, cayendo y levantándose entre la befa y los salivazos de la canalla irritada, el totalitario aparece ante las masas humildemente postradas como un arcángel resplandeciente.

Basta imaginar las catástrofes fulminantes que se producirían en Alemania, Italia o la URSS si las masas, humildemente postradas ante sus arcángeles rutilantes que menean diestramente las espadas flamígeras del totalitarismo, adoptasen la actitud rebelde que habían adoptado en el seno de la democracia francesa.

Porque la única verdad de la decadencia de las democracias radica en el hecho innegable de la rebelión de las masas, el gran fenómeno de nuestro tiempo, provocado no por un afán de superación multitudinario, sino por un desencadenamiento diabólico de los más bajos instintos.

Las democracias, privadas de la asistencia de las masas, en cuyo nombre actúan y gobiernan, están perdidas. El totalitarismo, la nueva barbarie, lo único que ha conseguido ha sido sustraer a la democracia las masas populares que eran su razón de ser, pero no porque represente una superación filosófica, ni siquiera política, social o económica, sino por el desequilibrio tremendo que se ha producido entre el progreso material y el progreso espiritual, por el hecho puro y simple de que hoy día un adolescente semianalfabeto, pero que tenga buenos movimientos, reflejos y pulmones resistentes puede aterrorizar a una ciudad de millones de habitantes planeando sobre ella con una tonelada de mortíferos explosivos, gracias a un motor cuyo funcionamiento ni siquiera conoce y que conduce a ciegas con solo mover unos resortes.

Se ha conseguido reducir al mínimum los valores humanos que entran en juego en la lucha y con ese mínimum de humanidad, mejor dicho, con esa animalidad amaestrada que basta para las grandes acciones gracias al progreso mecánico, los nuevos bárbaros pretenden dominar y esclavizar a una civilización que ni intelectual ni espiritualmente han podido superar.

En el fondo de esta espantosa lucha de nuestro tiempo y a pesar de las fuerzas demoníacas que se ponen en juego, no hay más que una verdad. Hasta ahora no se ha descubierto una fórmula de convivencia humana superior al diálogo, ni se ha encontrado un sistema de gobierno más perfecto que el de una asamblea deliberante, ni hay otro régimen de selección mejor que el de la libre concurrencia. Es decir, el liberalismo, la democracia.

En el mundo no hay más. Al menos, por ahora.

Francia estaba condenada a perecer desde que, sugestionada por la fuerza terrible del adversario, comenzó a renegar de esta verdad que había sido la razón de su grandeza. Esto es lo categórico. Todo lo demás es anécdota.

Los verdaderos estragos de la aviación

A partir del momento mismo de la movilización, hubo en Francia un error funesto, imputable este a las poblaciones civiles, que conviene destacar ante todo.

Ha sido desastroso, desde el primer día hasta el último, el trasiego de poblaciones civiles que los medios de comunicación modernos han permitido. Cientos de miles de seres han sido alejados en masa de sus hogares, sus tierras, sus fábricas, sus oficinas y sus mercados, con la obsesión absurda e imposible de librarles de los horrores de la guerra. Se han llevado a cabo migraciones fabulosas, como jamás habían sido posibles antes de ahora, y sus resultados no han podido ser más desastrosos.

Como ley general, después de la experiencia de Francia se podría establecer una norma fundamental. En la guerra moderna, ningún ciudadano, bajo ningún pretexto, ni los niños, ni las mujeres, ni los ancianos, deben ser trasladados del lugar de su residencia habitual, sean cuales fueren los peligros que les amenacen. Única y exclusivamente la zona de batalla, concretamente el lugar batido por la artillería enemiga, debe ser evacuado por la población civil.

Esto, que a primera vista parece de una tremenda inhumanidad, es, según se ha demostrado en la guerra de Francia, la resolución más humanitaria y la única no perjudicial para los intereses generales de la nación atacada.

Cuando se declaró la guerra hacía ya cuarenta y ocho horas que París se vaciaba por las grandes arterias de sus carreteras del sur y el oeste. Cerca de un millón de personas salieron de la capital temiendo un ataque fulminante y en masa de la aviación alemana. Entonces se creía que Hitler disponía de un fabuloso poder de destrucción y la iniciación de la guerra había sido imaginada generalmente como un verdadero apocalipsis. Se creía posible que de París no quedase piedra sobre piedra y este temor hizo que todo el que pudo abandonase la capital. Todo el que pudo. Este fue precisamente el gran daño.

Al dejar, y aun al estimular, que todo el que tenía medios para hacerlo se marchase, se creaba una desigualdad irritante entre los ciudadanos, se les dividía en dos categorías, la de los que podían librarse de los horrores de la guerra porque tenían medios de fortuna y la de los que tenían que soportarlos heroicamente porque eran pobres. La primera reacción experimentada por el pueblo de París que no había podido abandonar la capital fue de rencor contra quienes habían podido hacerlo. Fue una reacción de insolidaridad, de ruptura del vínculo nacional que debía unirles a todos en el momento del peligro común. Las evacuaciones de niños de las escuelas públicas, de mujeres de movilizados y de menesterosos organizadas por las municipalidades, el Estado o la beneficencia particular fueron un tardío remedio, peor aún que el mal mismo.

Durante varios días el hombre de París, que estaba condenado a aguantar *lo que viniese* porque era pobre, vio desfilar por las puertas de la ciudad cientos de miles de automóviles cargados hasta los topes en que huían quienes tenían medios económicos para desertar del sufrimiento.

Vana ilusión porque la realidad fue que quienes huyeron de París en los primeros momentos tuvieron que ir volviendo poco a poco después de unas semanas o unos meses de incomodidad en el campo o en las ciudades de provincias donde eran recibidos con poco agrado porque venían a perturbar la vida local y a encarecer los víveres y las habitaciones. Las penalidades de los alsacianos refugiados en Périgueux han sido una verdadera vergüenza para Francia.

Los fugitivos se gastaron sus ahorros, perdieron sus negocios e industrias, abandonaron sus labores y al final volvieron a sus casas precisamente en el momento en que llegaba el verdadero peligro, cuando el gobierno les pedía a gritos que de ninguna manera volviesen. Los otros, los evacuados por cuenta de los organismos oficiales, fueron aún más desdichados. La pobreza exige, naturalmente, una economía y un orden siempre onerosos. Convertir en turistas, aunque hubiese sido por causa de seguridad, a las masas necesitadas de un país, habrá de ser, siempre, una empresa superior a los recursos económicos de la nación más rica y mejor organizada. Los evacuados y refugiados como medida de precaución pasaron tantas penalidades como si no se tratase de una mera precaución y efectivamente hubiesen abandonado sus hogares en manos del invasor. Se ha dado el caso triste de que aunque durante nueve meses el ejército alemán no haya ocupado ni una sola población francesa ha habido millones de franceses para quienes esos nueve meses han sido tan duros como si media Francia hubiese estado invadida desde el primer momento.

Es absurdo e insensato querer huir de la guerra cuando esta puede ser llevada por la aviación a miles de kilómetros del frente y cuando el *camouflage* de las industrias de armamento convierte en objetivos militares los lugares más apartados y recónditos, cuando los bosques disimulan las fábricas de explosivos, los prados son campos de aterrizaje y las aldeas ocultan divisiones motorizadas. La guerra total no es una frase vana y pretender escapar a sus efectos con desplazamientos costosos que perturban nuestra economía y la del país es un movimiento irreflexivo que tiene que ser reprimido y no estimulado como hizo, para su daño, el gobierno de París.

Ni siquiera los niños deben ser alejados. Esto ya hubiéramos debido aprenderlo después de las tristes experiencias de Rusia y España, donde la mayor tragedia ha sido la de los miles y miles de criaturas arrancadas de los brazos de sus familiares para lanzarlas al azar del mundo en el que fatalmente se pierden, a lo menos para sus padres y, lo que tiene aún mayor trascendencia social e histórica, para su patria.

Por muchas facilidades que el progreso mecánico nos haya dado para trasladarnos de un lugar a otro no debemos olvidarnos de que el hombre, a lo menos el hombre civilizado y útil a la sociedad, es sedentario y que toda su fuerza la saca del esfuerzo que consagra a cultivar el pedazo de tierra en que se fija. El nómada es siempre un parásito. Consume y no produce. Tanto los nómadas del desierto como los modernos turistas son meros parásitos y convertir en parasitaria una inmensa masa de población por librarla de los riesgos de la guerra es arruinar al país entero y ocasionarle un estrago mayor aún del que podrían infligirle los ejércitos invasores. El complicado mecanismo de la producción moderna exige que cada cual se quede en su puesto sea cual fuere el riesgo que corra. En la guerra actual los países sucumben no por los ciudadanos que matan las bombas de los aviones enemigos en las fábricas, los sembrados o las oficinas, sino por los ciudadanos que se salvan a costa de abandonar la función que les estaba encomendada por humilde y pacífica que fuese. Así ha sucumbido Francia, cuyos muertos por bombardeos aéreos han sido muchos menos de los que en el mismo período han ocasionado los accidentes de la circulación.

La mentira del heroísmo universal

En la guerra hay algo peor todavía que el egoísmo y la falta de cooperación de los ciudadanos: la falsa solicitud, la simulación del entusiasmo, el convencionalismo que permite mantener una actitud casi heroica a gentes que en el fondo de su alma no están dispuestas a sacrificarse ni a sufrir la menor incomodidad. Antes era más difícil esta simulación. En la guerra actual, en cambio, no hay manera de discernir exactamente con qué gentes se puede contar y cuáles han de ser un peso muerto en la meta. Por lo mismo que en la guerra total todo el mundo puede servir para algo, el Estado corre el peligro de encontrarse con que no hay nadie que le sirva verdaderamente.

Durante la Gran Guerra había en Francia el tipo ya clásico del *emboscado* al que se podía perseguir eficazmente. En esta guerra el *emboscado* podía estar en todas partes, incluso en la misma línea de fuego, y no había manera de descubrirlo y perseguirlo.

El primero de septiembre aparecieron vistiendo el uniforme de oficial del ejército cientos de miles de ciudada-

nos. Todo el mundo, mientras no se demostrase lo contrario, era oficial. París estaba lleno de uniformes de buen
corte. Los sastres militares debieron de hacer negocios fabulosos. Ahora bien; de entre todos aquellos bizarros militares, ¿cuántos estaban dispuestos a hacer la guerra de verdad?

Se aceptaba el convencionalismo de que todos aquellos
médicos, abogados, funcionarios, periodistas, ingenieros,
etcétera, que por haber cursado las disciplinas reglamentarias y haber cumplido los plazos reglamentarios de estancia
en filas tenían derecho a vestir el uniforme y a lucir los ga-
lones, se harían matar heroicamente cuando llegase el momento. Pero la verdad es que no había ningún indicio que
permitiese creer en la capacidad bélica de aquellas masas
uniformadas. La actitud heroica era demasiado general
para ser verdadera. Los héroes en potencia eran demasia-
dos.

Esta simulación del *servicio*, que es de origen típicamente
totalitario y que será andando el tiempo la que hará que se
derrumben estrepitosamente esos regímenes creados y sos-
tenidos por la ficción de la actitud heroica universal, había
progresado en Francia por puro mimetismo de una manera
peligrosísima. El francés había adivinado que sus enemigos
escondían sus debilidades debajo de ese convencionalismo
que, a lo menos teóricamente, convierte a todo nazi y a
todo fascista en un héroe, y como esta mentira fundamental del totalitarismo es fácilmente imitable, todo francés
para defenderse se había creído en el caso de adoptar la
misma máscara de heroicidad. En esta guerra totalitaria no
se juega con las cartas que se tienen en la mano, sino con el
bluff que las grandes masas de población y la condensación

industrial permiten. «¡Tengo cinco millones de soldados! ¡Puedo destruir París o Londres en veinticuatro horas!», gritan enfáticamente los dictadores. No es verdad. Ni tienen cinco millones de hombres capaces de hacer la guerra ni la potencia de destrucción que han podido acumular a fuerza de privaciones es suficiente para aniquilar al adversario.

El francés, que es siempre más inteligente que el alemán y menos impresionable que el italiano, había comprendido perfectamente el juego y se había resignado a jugarlo. Pero le ha faltado convicción para poder ganar. Era demasiado honrado o demasiado inteligente para llevar el *bluff* hasta el final, para hacer creer en él al adversario y para creérselo él mismo. Para este juego al que convidan los dictadores totalitarios hace falta un cierto grado de estupidez y maldad que Francia positivamente no había alcanzado a pesar de su decadencia.

En esto, como en muchas otras cosas, Francia había renegado de su verdad profunda para dejarse sugestionar por los procedimientos del adversario. La doctrina democrática de la nación en armas, con todos sus defectos, con todas las corruptelas del reclutamiento, hasta con sus emboscados y sus objetores de conciencia, pero con su humana e inteligente comprensión de las posibilidades auténticas de heroísmo que existen en un pueblo de cuarenta millones de habitantes, era mucho más eficaz que esa grotesca simulación del heroísmo universal en que se basan las doctrinas totalitarias que Francia nos ha enseñado es, cómo se derrumba, no un régimen verdaderamente democrático, sino un totalitarismo incipiente. Si Francia hubiese seguido siendo fiel a sí misma, si no hubiese adoptado frívolamente las ficciones que tarde o temprano han de ser fatales a Hitler y Mussolini, si no hubiese caído en un régimen híbrido y, como tal, infecundo, si hubiese seguido siendo una democracia con todas sus consecuencias, no habría sido vencida.

El egoísmo de los ciudadanos

Bajo esta máscara del servicio y del heroísmo presunto, que había copiado de nazis y fascistas, Francia conservaba todos los vicios de un individualismo exaltado. Cada ciudadano ponía todo su talento y su diligencia en filtrarse por entre los engranajes del Estado, que amenazaban con triturar su bienestar, para colocarse egoístamente en la posición más cómoda que le permitiese *presenciar* la guerra sin sufrir directamente sus efectos. Desde el soldado que estaba en la trinchera hasta el ministro y el general y el banquero y el gran industrial, todos se esforzaban por instalarse lo más cómodamente posible en la guerra como si no se tratase de ganarla afrontando valientemente los sufrimientos que impusiera, sino de hacerla soportable, de aguantarla indefinidamente con la menor molestia personal posible. Todo el mundo quería hacer la guerra sentado en una cómoda butaca.

El fenómeno curioso era que todas las gentes que hurtaban el bulto y que ni siquiera prestaban la mínima asistencia de su confianza al gobierno, tuvieran, al menos aparentemente, cierta fe en el Estado, estuvieran convencidas de que la guerra se podía ganar automáticamente. Para ellas no había duda. Ese Estado, al que ellas no ayudaban y al que incluso combatían individualmente, ganaría la guerra al final. En Francia existía el fetichismo de la Administración. Todo el mundo, aunque la criticase, tenía una fe ciega en ella. Era curioso ver cómo el francés, que despreciaba a sus estadistas, se burlaba de sus generales, trataba de ladrones a sus financieros y de vendidos a sus publicistas, tenía en cambio una fe inalterable en ese oscuro burócrata, en el hombre malhumorado y grosero de la ventanilla que personificaba el mito de *la Administración*. Se creía a pie juntillas que la guerra la ganaría la Administración, que para el ciudadano francés era una especie de ogro inteligente y voraz al que había que alimentar copiosamente a cambio de lo cual se estaba relevado de todo esfuerzo personal, de toda colaboración y de toda solidaridad con el Estado.

El problema individual de cada ciudadano no era otro que el de esquivar en lo posible con declaraciones fraudulentas los zarpazos del ogro de la Administración que, cuando no se le burlaba, se quedaba entre las uñas con la parte del león en los beneficios de cada cual. Cuando estalló la guerra el ogro tuvo que enfrascarse en ella y los ciudadanos se dedicaron alegremente a escamotearle las contribuciones que le debían. Desde el primero de septiembre el ciudadano francés procuró ante todo eludir el pago de sus impuestos. La guerra, que podía exigir nada menos que la vida, debía servir siquiera para eludir o aplazar el pago de otras deudas menores. En París, como primera medida, las gentes se pusieron tácitamente de acuerdo para no pagar la renta de las casas y, como es natural, los propietarios dejaron automáticamente de pagar sus contribuciones. Cuando llegó el 15 de septiembre, fecha en que tradicionalmente se paga el trimestre de los alquileres, los propietarios de casas de París no vieron un solo céntimo. No era cosa de pagar la renta de una casa que no se sabía si los aviones alemanes destruirían al día siguiente. Así empezó a forjarse aquella mentalidad catastrófica que, efectivamente, ha llevado a Francia a la catástrofe. El gobierno no acertó a cortar con eficacia esta grave perturbación económica que se iniciaba. Tímidamente intentó una reglamentación comprensiva a base de una casuística complicadísima. El resultado fue que el que no cobró sus rentas fue el Estado mismo y que la economía general se encontró hondamente resentida. Por ejemplo, los propietarios que no cobraban la renta, no suministraban, naturalmente, la calefacción central estipulada en los contratos. Cada inquilino tuvo que montar y alimentar un sistema de calefacción individual en su cuarto, cosa que indudablemente resultaba más económica para él que pagar la renta, pero en cambio cuando llegó el mes de enero los parisienses empezaron a quedarse sin carbón porque con el régimen anárquico que se había instaurado, en cada edificio de París se consumía el doble o el triple del carbón que antes se necesitaba con la calefacción central.

Así fue poco a poco desorganizándose la vida nacional y preparándose fatalmente el advenimiento de la catástrofe.

En Francia, teóricamente, no debía haber faltado nada. Los abastecimientos, incluso de productos importados, estaban asegurados con largueza. Pero bastaba que intencionadamente se lanzase el rumor de que iba a faltar el café o el azúcar para que inmediatamente cuarenta millones de franceses se apresurasen a hacer un *stock* individual de unos cuantos kilos del producto que se temía llegase a faltar y, como es lógico, el producto en cuestión faltaba inexorablemente. El gobierno tenía que forzar las importaciones para compensar las cien mil o doscientas mil toneladas sustraídas del mercado en una hora por el egoísmo individual, y la normalidad de los abastecimientos no se restablecía hasta que todos los franceses tenían escondidas cantidades de azúcar o café bastantes para su consumo durante medio año.

Cuando los alemanes hayan llegado a París y hayan vaciado los almacenes y las tiendas aún podrán hacer grandes *stocks* con los víveres que harán sacar del fondo de los armarios y de debajo de las camas. Para eso les habrá servido a los franceses su codicia que tantos quebraderos de cabeza daba a su gobierno.

La codicia francesa

El egoísmo de los ciudadanos, que *razziaban* los mercados haciendo que las vituallas se pudriesen en el fondo de las cómodas, era igual para el dinero. La famosa *media de lana* del francés se hinchaba desmesuradamente con fajos de billetes nuevecitos sacados por desconfianza de las cajas de ahorro y las cuentas corrientes o escatimados de los gastos de cada semana. Desde que comenzó la guerra la consigna del francés fue la de no gastar ni un céntimo en nada que no fuese absolutamente indispensable. Como era lógico, el comercio y la industria, que ya se habían reducido mucho a causa de la movilización, quedaron paralizados. El gobierno tuvo que hacer una intensa propaganda excitando a la gente a comprar, a gastar, a poner en circulación aquellas toneladas de billetes de banco que amontonaba con pueril codicia.

El francés fiaba absolutamente su porvenir al montoncito de billetes, de oro y brillantes que guardaba celosamente consigo. Cuando de madrugada sonaban las sirenas anunciando la alerta aérea, cada cual se metía en el pecho precipitadamente su pequeño tesoro y apretándolo nerviosamente andaba a tientas por las calles oscuras en busca de los refugios. Se sabía que en el barrio más humilde de París si una cuadrilla de *gangsters* hubiese gritado *manos arriba* en un refugio cualquiera, habría encontrado una millonada. La riqueza de Francia, la famosa riqueza francesa, que debía haber servido para ganar la guerra estaba allí escondida estúpidamente. En ocasiones, el miedo de los bombardeos hacía desmayarse a infelices mujeres y cuando para darles aire y holgura se les desabrochaban las ropas que las oprimían, indefectiblemente, les saltaba del pecho el fajo de billetes cuando no se les caía de las manos la preciada cajita de las joyas.

A medida que avanzaba la guerra y aumentaba la cantidad de billetes en circulación empezó a crecer la fiebre del oro. A pesar de las severas prohibiciones y de las precauciones de la policía, la especulación del oro se hacía intensamente. En los bares y cafés de los alrededores de la Bolsa pululaban los agentes de cambio clandestinos que operaban con monedas de oro, oro en barras, diamantes, joyas y *valuta* extranjera, principalmente dólares. De vez en cuando, la policía hacía una razzia y se llevaba unas docenas de especuladores y unos miles de dólares. Pocos días después, los especuladores, no se sabe cómo ni por qué, estaban otra vez en libertad y dedicados impunemente a su tráfico.

En los últimos meses, como la especulación a base del oro se hacía cada vez más difícil se especulaba a base de diamantes y alhajas y finalmente de mobiliarios, bibliotecas, colecciones de arte, tapices persas, orfebrería, etcétera. El famoso Hôtel Drouot conoció el auge de sus mejores tiempos.

Francia conserva una riqueza fabulosa de muebles de arte antiguos, cuyo valor va aumentando a medida que pasa el tiempo. El trabajo esmerado de los artífices franceses de hace dos o tres siglos se convirtió, pues, en una inversión de dinero mucho más segura que los valores industriales y los bonos de la Defensa.

Francia, que no tenía confianza en su esfuerzo, que había perdido su fe en el trabajo y en el heroísmo de esta generación, se replegaba cobardemente buscando protección en la herencia de sus antepasados, en el trabajo concienzudo, *la obra bien hecha* de los ebanistas u orfebres franceses del tiempo de Luis XIV. Mesas, camas, sillones, libros, cuadros, espejos, candelabros de los cuatro últimos siglos alcanzaban precios fabulosos en las subastas del Hôtel Drouot mientras se producía el fenómeno terrible de que a pesar de la movilización de cinco millones de hombres aún había muchos miles de obreros sin trabajo, las fábricas se cerraban, los comercios se declaraban en quiebra y el gobierno, desesperado, gritaba: «Comprad; ayudad así a la victoria».

Este hecho insólito me pareció uno de los más expresivos y reveladores de la verdadera actitud de Francia. Se aspiraba a vivir todavía de la renta del trabajo hecho hace siglos. El burgués republicano, a quien no inspiraba ninguna confianza el trabajo que se hacía en las fábricas del Greussot, Citroën y Renault, ni estaba dispuesto a defenderlas y que por adelantado se resignaba por lo visto a perderlas, se aferraba parasitariamente al trabajo de los artífices franceses del pasado cuya plusvalía esperaba no le sería arrancada ni por el Estado francés ni por los alemanes.

Trabajo

La guerra —esto se vio enseguida— no era más que trabajo; un trabajo duro, monótono, encarnizado. Pasada la fiebre de los primeros días en los que se adoptaban actitudes cómodamente heroicas, se comprendió que en la lucha que se emprendía no habría más que el incómodo heroísmo del trabajo oscuro, continuado, tenaz. La guerra se ganaría permaneciendo diez, doce horas diarias al pie de la máquina, trabajando en la cadena sin levantar la cabeza, como esclavos. Este era el precio de la libertad futura.

Dicho sea en honor del pueblo francés, que tantos pecados ha cometido y tantas faltas está purgando ahora, la verdad es que del mismo modo que acudió como un solo hombre a la orden de movilización aceptó sin réplica las nuevas condiciones de trabajo impuestas por la guerra.

Aquel triunfo de las cuarenta horas, aquellas semanas de cinco días, aquellos dos veranos de vacaciones pagadas en los que millones de trabajadores invadieron gozosamente los campos, las playas y las ciudades de lujo y placer, habían terminado. El sueño ingenuo del Frente Popular se había desvanecido. Aun antes de que la guerra estallase, la economía francesa, hondamente quebrantada por el descenso de la producción, había obligado a dar marcha atrás y este movimiento de reacción se había iniciado con lo que Léon Blum llamó *la pausa* y Daladier denominó con un eufemismo, el *assouplissement* de las cuarenta horas. No era posible que Francia siguiese trabajando a su amor cuando al otro lado del Rin se trabajaba furiosamente día y noche.

El proletario francés aceptó resignadamente la pena que su despreocupación anterior le imponía y desde el primer día de la guerra se consagró al trabajo sin rechistar. Se fueron aumentando constantemente las horas de trabajo. No se alzó una queja.

El error de los reaccionarios franceses, el error funesto y criminal consistió en considerar aquella dócil sumisión del proletariado a las necesidades nacionales de la defensa como una victoria de clase. La guerra venía a satisfacer los resentimientos creados por el Frente Popular, y el obrero, que doblaba la cabeza y se dejaba despojar, una tras otra, de sus conquistas había de soportar además el *quiquiriquí* de triunfo de una clase social para la que la guerra no significaba más que la consolidación de su victoria interior. Fue perfectamente estúpido asociar el encarcelamiento y el envío al frente de los delegados comunistas en las fábricas con la imposición de las duras condiciones de trabajo que la guerra exigía, pues de este modo se presentaban como represalias de la lucha de clases lo que en realidad no eran sino necesidades patrióticas de la defensa nacional. Hasta en el último momento los reaccionarios franceses han estado ciegos.

Lo que pudo haberse convertido en un movimiento de integración nacional no sirvió sino para ahondar las diferencias de clase. La masa trabajadora francesa no ha dado durante los diez meses de guerra indicio alguno de rebeldía, se ha conformado dócilmente a los sacrificios que se le exigían y, sin embargo, se la ha mantenido en un régimen de represión y desconfianza cuyos resultados tenían que ser desastrosos. Yo he visto durante estos diez meses a millares de buenos franceses, de excelentes patriotas que por haber pertenecido al partido comunista durante la época del Frente Popular se veían privados de trabajo, sometidos a constantes investigaciones policíacas, teniendo que cambiar de oficio y hasta de residencia para eludir esta persecución torpe, ciega, que terminaba por empujarles a la clandestinidad de las células comunistas y a colocarles fatalmente al servicio de los núcleos traidores que trabajaban por cuenta del enemigo.

No obstante esta política desastrosa, dictada tanto por un miedo irreflexivo como por un espíritu mezquino de revancha, la inmensa mayoría del proletariado francés ha seguido siendo fiel a su patria después de haber roto todos sus lazos con la disciplina de Moscú. Si no se ha trabajado más eficazmente, si no se había llegado a una intensificación mayor de la producción, habrá sido culpa de las empresas o del gobierno, pero no de los trabajadores.

Es más, la masa del proletariado francés se ha visto reforzada durante el período de la guerra con núcleos considerables de trabajadores no manuales procedentes de la clase media cuyas profesiones y oficios se hallaban en crisis y que con la mejor voluntad han ido a pedir trabajo como jornaleros en las fábricas de la defensa nacional. He conocido casos emocionantes de hombres de profesiones liberales que hacían el penoso esfuerzo de reeducación necesario para permanecer durante diez horas diarias al pie de una máquina en una fábrica de municiones.

La mujer francesa ha hecho también el mismo esfuerzo. Ha habido cientos de miles de mujeres que han pasado por los centros de clasificación y reeducación para el trabajo en las fábricas de la defensa nacional. Este trabajo era tan duro que no todas podían soportarlo a pesar de que se prestaban a llegar al límite máximo de su resistencia física. En las últimas semanas, el gobierno tuvo que revisar las condiciones del trabajo de la mujer en las fábricas de la defensa nacional, que eran insoportables para una gran mayoría, no obstante lo cual no hubo la menor protesta colectiva ni se resintió el rendimiento de la mano de obra femenina.

El pueblo francés ha trabajado concienzudamente para la guerra. Durante el largo y penoso invierno que ha precedido a la catástrofe, el proletariado francés encerrado en los talleres desde antes de que rayase el día hasta dos horas después de haber caído la noche ha trabajado con fe dando todo el rendimiento de que era capaz. Si este esfuerzo no ha sido suficiente, si la producción nacional no ha podido adquirir la intensidad necesaria, culpa suya no ha sido. Entre las causas de la catástrofe de Francia no podrá incluirse la de la defección de los trabajadores al lado de la incompetencia y la mala voluntad del alto patronaje y la debilidad del gobierno, ambas irrefutables.

Frivolidad

El Estado Mayor, que había empezado por apoderarse de todo paralizando la vida de Francia, fue luego abandonando a la iniciativa particular las actividades que, en realidad, no sabía cómo utilizar. En los primeros días de septiembre se suprimió en París todo lo que no era absolutamente indispensable para la guerra. No hubo servicio de autobuses, solo estaba abierto al público un número muy limitado de estaciones del metro, no había apenas espectáculos, ni *cabarets*, ni *dancings*, ni carreras de caballos, ni carreras de galgos. Todo lo que se consideraba superfluo fue radicalmente suprimido. Pero en cambio, nueve meses después, cuando los alemanes atacaron de verdad, la vida de París había ido recobrando sus fueros y todo, absolutamente todo, había sido restablecido en su antiguo ser y estado. De la guerra casi no quedaba en París más que el *black-out*. Las comisiones civiles habían ido arrancando concesión tras concesión al general Hering, gobernador militar de París, y la guerra parecía haber sido olvidada. Con la primavera se reanudaron incluso las carreras de caballos en Longchamps, se celebró la Feria de París, se abrieron numerosos *cabarets* y se autorizó de nuevo el baile, que había estado rigurosamente prohibido, se celebraron importantes pruebas deportivas y la gente empezó a salir de excursión en los fines de semana. Dos días antes de que los alemanes atacaran en Sedán, miles y miles de automóviles salían por las puertas de París para pasear confiadamente por los campos a los parisienses que estaban orgullosísimos de poder seguir quemando inútilmente cantidades fabulosas de gasolina para cuyo consumo no había en realidad restricciones eficaces. Se tenía la impresión de que la guerra se había ido alejando definitivamente. Se había ido perdiendo el miedo y cuando empezaron a cruzar por las calles de París las primeras caravanas de refugiados procedentes de Holanda y Bélgica los parisienses los miraban como gentes extrañas que salían de un mundo distante e incomprensible, el mundo extraño y remoto de la guerra.

El terrible espectro de la guerra, que había pasado por la imaginación de los parisienses en las primeras semanas de septiembre, se había borrado por completo de su espíritu. París, disfrutando intensamente de una primavera triunfal, se preocupaba de cómo sería compatible con el *black-out* su grata costumbre estival de cenar al aire libre en las terrazas de los grandes restaurantes de los Champs-Élysées, a la puerta de los *bistrots* de Montmartre o los cafés de los *boulevards*.

Funcionaban otra vez numerosos *music-halls* y teatros de revista en los que con una lamentable falta de ingenio se repetían los *sketchs* patrióticos de la otra guerra y ante un coro de señoritas desnudas se caricaturizaba a Hitler y Stalin y se les invectivaba más [...]* a Stalin que a Hitler, se exaltaban las glorias del soldado francés y se cantaba la grandeza de la *patrie*. Todo aquello sonaba lamentablemente a falso, a cosa vieja y podrida y los mismos soldados que venían del frente con permiso y acudían a los *music-halls* atraídos por el anzuelo de la mujer, soportaban entristecidos y avergonzados las retahílas patrióticas y heroicas.

En lo único en que la guerra había ejercido cierta influencia era en la moralidad de las costumbres. Aunque parezca extraño, la verdad era que París se había moralizado extraordinariamente gracias a la guerra. La prostitución se había reducido considerablemente, acaso porque las prostitutas habían emigrado tras las guarniciones del este y el norte y los espectáculos atrevidos habían perdido su atrevimiento. En los *cabarets* y *dancings* estaba prohibido el baile, que no sé por qué había sido condenado como indecente en tiempo de guerra, las parejas discurrían gravemente dándose el brazo y dedicadas a la conversación más o menos espiritual. Se había emprendido una campaña a fondo con-

* Falta texto en la edición original.

tra la pornografía y los semanarios desenfadados a base de la explotación del *sex-appeal* que abundantemente producía París se habían convertido en inocentes revistas para colegiales. Se quería evitar cuidadosamente toda excitación sexual a los soldados y de este empeño nació la leyenda del bromuro, que según rumor público administraba furtivamente la intendencia a las tropas para mantenerlas alejadas de las inquietudes del sexo. Este tema escabroso de si se daba bromuro o no a los soldados apasionaba a las gentes más que la guerra y la política.

Es curiosísimo el hecho de que Francia, que había estado inundando al mundo de publicaciones pornográficas desde hacía un siglo, se adhiriese quince días antes de sucumbir al Convenio Internacional de Ginebra para la represión de la pornografía. París, durante la guerra, ha sido como esas grandes pecadoras que cuando sienten que se les aproxima la última hora quieren arrepentirse y se escandalizan hasta de la sombra del pecado.

Arrepentimiento y piedad

La campaña moralizadora se extendió sobre todo a la represión de las prácticas anticoncepcionistas. Entró un tardío y angustioso anhelo de intensificar la natalidad como si los hijos entonces concebidos pudiesen ingresar en las cajas de reclutamiento antes de que avanzasen las divisiones motorizadas del enemigo y se daba el caso de que el médico o la comadrona que practicaban el aborto eran más severamente castigados que el saboteador o el espía y producían más furiosa indignación en la opinión popular.

A partir del primero de enero de 1940 todo francés al que le nacía un hijo percibía una prima que oscilaba entre dos mil y cuatro mil francos. En medio de la guerra se organizaban magníficas instituciones de Maternidad que no había habido antes y los campos de golf y sus clubs se convertían en lugares de reposo para las mujeres embarazadas.

Todo aquello tenía el sentido lamentable y triste de los arrepentimientos tardíos. Era exactamente como el patético y absurdo propósito de enmienda del condenado a muerte que ya al pie de la guillotina reniega de los pecadillos y errores de su adolescencia en los que descubre súbitamente el origen remoto de su perdición final.

Igualmente patética y enternecedora era a última hora la exacerbación del sentimiento religioso francés. Francia ha experimentado en los últimos veinte años un renacimiento triunfal del catolicismo y sus élites intelectuales habían llegado a una sublimación contemporánea de la idea católica que convertía al francés en el hijo predilecto de la Iglesia romana mientras Roma misma, arrastrada por el fascismo, «consagraba el triunfo de una cruz que no es la cruz de Cristo»; según clamaba el Sumo Pontífice.

La República misma, la Francia oficial, laica y anticlerical, había llegado a una inteligencia casi perfecta con la Iglesia. Los obispos aparecían frecuentemente al lado de los prefectos en las ceremonias oficiales y ya en los últimos instantes el gobierno, con el presidente del Consejo a la cabeza, fue oficialmente a Nôtre Dame a rezar por Francia y a pedir contrito la intercesión de los altos poderes celestiales para que la nación pudiese salvarse.

La prosperidad de las iglesias de Francia y principalmente de París era enorme. En un momento determinado el cardenal Verdier había podido lanzarse a una campaña formidable de construcción de iglesias y más de cien templos nuevos se habían levantado orgullosamente en París y sus alrededores contribuyendo eficazmente con su erección en un grave período de crisis a dar trabajo a millares de obreros. La Francia oficial colmaba de halagos a la Iglesia, había tolerado poco a poco la vuelta subrepticia de las congregaciones, fomentaba las peregrinaciones, estimulaba la enseñanza confesional y finalmente, al decretarse la movilización, además de los capellanes castrenses reglamentarios consentía e incluso fomentaba que cada sacerdote movilizado se consagrase casi exclusivamente a su ministerio convirtiendo su convivencia con la tropa en una campaña de catequesis y apostolado. El periódico católico *La Croix* había lanzado el eslogan de «La frontera de Cristo está en el Rin» y la catequesis del ejército francés había sido tan intensa que al cabo de seis meses de guerra el ochenta por ciento de los soldados franceses llevaban ensartadas en el brazalete de identificación las medallas de la Virgen y los santos franceses que pródigamente se les habían distribuido. Por otra parte, la política del Quai d'Orsay se ajustaba exactamente al diapasón del Vaticano, las palabras del Sumo Pontífice eran la fuente de inspiración y la norma de conducta de los hombres del gobierno y los editoriales de *L'Osservatore Romano* daban el tono a la prensa de París que los glosaba y comentaba eternamente.

Pero, independientemente de esta táctica política que por parte de la Francia oficial podía ser más o menos sincera, un verdadero sentimiento de piedad religiosa iba infiltrándose en el pueblo francés que, en la gran miseria espiritual en que se hallaba, perdida su vieja fe laica y civil, se echaba abatido en brazos de la Iglesia.

Yo he visto en París multitudes enormes arrodilladas piadosamente en la colina del Sacré Coeur; he visto el desfile incesante de patriotas desesperados ante los altares refulgentes de la iglesia de Notre Dame des Victoires y he presenciado, cuando los alemanes estaban ya a las puertas de París, cómo se sacaban en procesión por las calles las reliquias milagrosas de los santos franceses, los huesos de santa Genoveva, el estandarte de san Dionisio, de quienes en última instancia, perdida ya toda esperanza, el pueblo de París impetraba su salvación.

Drôle de guerre

Drôle de guerre! Al que lanzó esta exclamación había que haberle ahorcado. En ella iba, hábilmente disimulado, todo el derrotismo de Francia. *Drôle de guerre*! Es decir, guerra extraña, absurda, rara, inexplicable y, en el sentido peyorativo de la palabra *drôle*, guerra disparatada, grotesca, insensata, ilógica, guerra sin justificación que no se debía haber hecho, guerra estúpida y estéril. Todo esto y mucho más quería decir esta frase equívoca que no alarmaba a los censores del gobierno y que hizo fortuna rápidamente como expresión del estado de ánimo de una opinión pública que se sentía arrastrada a una lucha en la que no tenía fe.

La guerra era *drôle* para quienes no creían en ella ni estaban dispuestos a hacerla, para los que la contemplaban alzándose despectivamente de hombros, para quienes desde el primer momento la consideraron como un espectáculo curioso y pintoresco. No era *drôle* la guerra para los millones de hombres arrancados de sus hogares y sus trabajos por la movilización, para los cientos de familias del norte y el este que habían tenido que abandonar sus casas y sus tierras y vivían refugiados en los departamentos del sur y el oeste donde eran tratadas por los indígenas que se veían obligados a darles alojamiento como si se tratase de extranjeros indeseables. No era *drôle* la guerra para los obreros a quienes se había impuesto jornadas de trabajo de diez y doce horas, ni para los comerciantes cuyos negocios se hallaban en quiebra, ni para los industriales que habían tenido que paralizar sus industrias, ni para los aviadores, los marinos y los patrulleros de infantería que tenían que salir diariamente a jugarse la vida. ¿Quién sería capaz de hacerse matar en un *drôle de guerre*?

El éxito de este calificativo era indicio claro de que Francia no estaba dispuesta a hacer la guerra. No se lucha heroicamente y se muere por algo en lo que no se tiene fe y la fe en la guerra había sido quebrantada por esta pequeña e insignificante frasecilla más eficaz para la propaganda derrotista que todas las consignas difundidas por los servicios del doctor Goebbels.

En el origen, por otra parte, el estado de espíritu que la frase reflejaba era de inspiración netamente hitleriana. Cuando Hitler en sus discursos decía golpeándose el pecho que él no había querido la guerra, que le parecía estúpido y absurdo el hecho de que hubiese sido declarada, no decía sino lo mismo que en fin de cuentas expresaban cautamente los franceses con su equívoco *drôle de guerre*. Es más; con esta frase los elementos prohitlerianos de París iniciaban el proceso que luego el mariscal Pétain y los alemanes han abierto oficialmente contra Daladier y los demás responsables de que Francia hubiese declarado la guerra para hacer honor a sus compromisos para defender su libertad y la integridad del territorio nacional.

La verdad era que en Francia había un sector de la vida nacional, acaso el que tenía más influencia social, absolutamente ganado por la propaganda totalitaria. Era triste ver a los agentes de policía persiguiendo en los cafés, los mercados y los autobuses a quienes pronunciasen una palabra imprudente mientras el derrotismo más descarado se instalaba en los centros vitales del país, irradiaba a las masas merced a los órganos de opinión que hábilmente y por la boca de los más eximios escritores iban difundiéndolo cautelosamente.

Era impresionante ver cómo la mentalidad nazi había ido ganando a los mejores cerebros de Francia. De todos los signos de la dimisión de Francia este era el más evidente. No ya el nazismo, el hitlerismo puro y simple había conquistado intelectualmente a hombres infinitamente superiores a lo que el nazismo es y representa. La claudicación intelectual de Francia ante la barbarie hitleriana es desoladora. Si en algún momento hubiera podido flaquear nuestra fe en la causa de la civilización habría sido únicamente al ver a los intelectuales franceses renegar de sí mismos y de su tradición, negar su propia esencia y repetir con pavorosa inconsciencia los gritos de guerra del hitlerismo. Esta típica *trahison des clercs* —que ya se había dado en España— es acaso lo único que hace pensar si en el desprecio por la inteligencia en que coinciden el nazismo y el comunismo no hay algo más que los sofismas de Lenin, Spengler y el conde Keyserling.

La nazificación de las clases superiores de la sociedad francesa era un hecho incuestionable. No había en todo París quien se atreviese a llamarse demócrata sin ser considerado despectivamente como un necio o un mistificador. Las mejores páginas escritas para la Radio Francesa por Giraudoux como justificación y defensa de la democracia y de la guerra que esta movía a la barbarie totalitaria, eran consideradas, aun por los mismos que admiraban a Giraudoux, como insinceros alegatos de un abogado venal que defiende bien una causa en la que no puede tener fe. A tal extremo había llegado la influencia nazi en Francia que nada que fuese contrario a las doctrinas hitlerianas merecía la menor estimación. Francia estaba intelectualmente gobernada por los nazis mucho antes de que las divisiones blindadas de Hitler ocupasen físicamente el territorio francés: democracia... libertad... parlamentarismo... Vanas palabras que descalificaban a quien osaba invocarlas. ¿Qué dice ese idiota?, preguntaban extrañadas las gentes que las escuchaban. En Francia, dejando a un lado la atmósfera enardecida en que se movían como sonámbulos los hombres políticos, no tenían curso legal más que las ideas de dictadura, fascismo, nazismo, corporativismo, antisemitismo... El triunfo en Francia del antisemitismo nazi era completo. El caso concreto de que en Francia no pudiese ponerse al frente del gobierno porque era de origen judío un hombre como Georges Mandel, alrededor del cual se había forjado la leyenda de que era el único Clemenceau posible de esta guerra, dice hasta qué punto Hitler había triunfado en París antes de que llegasen sus huestes. Y no sé si Mandel hubiese podido salvar a Francia o no —probablemente no—, pero el solo hecho de que un prejuicio típicamente hitleriano le cerrase el camino evitando la posibilidad de que lo hiciera revela hasta qué punto Francia estaba virtualmente conquistada por el enemigo.

Se arguye, claro, que el antisemitismo no es privativo del nazi y que las primeras reacciones antisemitas del mundo moderno habían tenido su origen en Francia hace muchos años. Este origen francés de todo lo que en el nazismo puede ser algo más que barbarie pura y simple es invocado constantemente como disculpa a su traición por los intelectuales franceses. Es innegable que no habría nazis en el mundo si los franceses no hubiesen dicho antes lo que es el nacionalismo; ni siquiera habría nazis si ese pobre viejo genialoide de Charles Maurras, que debe de estar a estas horas muriéndose de desesperación e impotencia en un rincón cualquiera de Francia guardado por dos nazis que en vez de vigilarlo debían rendirle honores como los han rendido ante la tumba de Napoleón, no se hubiese pasado cuarenta años enseñándoles lo que es el nacionalismo integral y prestándoles su verbo demoledor para que con sus mismas palabras acometiesen la demolición de su patria. Es verdad que sin el conde de Gobineau no habría racismo y es verdad que todo cuanto en Alemania no es pura y simple barbarie tiene un origen francés más o menos remoto pero, precisamente porque es así, Francia no debía haber pasado por la abyección de ir a pedir prestado al hitlerismo lo que, en fin de cuentas, no es sino la escoria del crisol en que la Francia que debía ser inmortal había sido fundida.

El fenómeno de la fascinación ejercida por el hitlerismo sobre Francia es casi incomprensible. Aun descontando un estado general de decadencia del país no se explica la claudicación de la inteligencia francesa ante la estupidez totalitaria.

Porque no ha sido la masa francesa, clarificada por la falta de natalidad, diezmada por la guerra anterior, envilecida por la posguerra miserable y mestizada por la incorporación forzada de sangre extranjera, la que en resumidas cuentas ha abierto las puertas al enemigo. Han sido las élites intelectuales del país las que primero se han rendido y han arrastrado al desastre a las masas. Y en esas élites no había degeneración sensible. No se puede decir que Francia atravesase un período de decadencia intelectual. No hay decadencia en un país que tiene un plantel de hombres como Gide, Cocteau, Valéry, Duhamel, Benda, Claudel, Giraudoux, Jules Romains, Martin du Gard, Careo, Mauriac, Dorgelés, Bernanos, Malraux, Maritain y cien otros, más jóvenes y menos conocidos fuera de Francia pero que representan una pujanza intelectual formidable, Giono, Henri Massis, Marc Chadourne, Guéhenno, La Tour du Pin, Nizan, Thierry Maulnier, Ramón Fernández, Aragón, Joseph Peyré, Richard Bloch, Drieu la Rochelle, Maxence, etcétera, por citar al vuelo los nombres que me vienen a la memoria de la derecha y de la izquierda, pronazis o antinazis, pero que, independientemente de su enrolamiento, tienen una significación y un valor que excluye toda idea de decadencia intelectual.

Todos ellos, aun los que en su obra personal mantienen una posición puramente democrática —que no eran muchos—, habían renunciado a la acción colectiva de la inteligencia francesa contra la nueva barbarie. Conservando su lucidez mental y la fuerza creadora de su intelecto, habían perdido el valor moral, la fe en sí mismos y en sus convicciones, necesaria para que no se hubiesen decidido a rehuir la batalla. Temiendo siempre perder el contacto con la sensibilidad de su tiempo se dejaban arrastrar por la barbarie comunista o fascista, haciendo, con franciscana humildad, renuncia de sus convicciones y salvando, a lo sumo, con tímidas objeciones de conciencia, el fondo insobornable de su intelecto. Cuando pase el tiempo se verá que a pesar de sus infidelidades y sus excursiones al campo bipartito de la barbarie, salvo aquellos que carecían de un verdadero valor intelectual y quienes teniéndolo lo vendieron miserablemente, casi todos han seguido siendo en el fondo fieles a las verdades que no se habían atrevido a proclamar abiertamente o que contribuyeron a ocultar por pura cobardía, por vil sometimiento a la tiranía de las masas sublevadas, a esa rebelión de los imbéciles de que habla Bernanos. No han tenido más que el cuidado egoísta de salvar la posteridad de su obra personal. Todo lo demás han dejado que se perdiese y hasta han contribuido a su perdición con una especie de masoquismo verdaderamente repugnante. A la pregunta formulada por el ensayista Charles Péguy: «¿Qué es lo que tenemos que salvar?», había respondido Jean-Pierre Maxence en la siguiente generación diciendo: «No tenemos más que salvarnos a nosotros mismos». Y añadía: «Nadie más que los mediocres están satisfechos del mundo presente. Entre ese mundo y nosotros, uno de los dos tenía que perecer».

Yo no sé si esa intelectualidad francesa que reaccionaba violenta y desesperadamente contra la decadencia del país y del régimen se consideraba ahora salvada bajo la protección de la Gestapo, pero lo indudable es que la Francia que estúpidamente condenaron a perecer ha perecido real y verdaderamente. Es posible que la posteridad les absuelva y que su obra personal se salve. El Comité de Salud Pública que Francia necesitaba para salvarse hubiera tenido que mandarles a la guillotina a carretadas.

La aristocracia

La otra aristocracia francesa, el gran mundo parisiense, con sus marquesas intelectuales y entrometidas, con sus salones que no eran ya sino rincones capitosos de bares americanos, sus clientelas de políticos mediocres, sus banqueros cobardes y mal informados y sus grandes industriales somnolientos, había degenerado más ciertamente que ningún otro sector de la vida francesa y casi no existía en la realidad. La vida social de las famosas *doscientas familias* en los *halls* de los grandes hoteles y los clubs de golf tenía menos relieve y trascendencia europea que la vida de la buena sociedad de Buenos Aires o Río de Janeiro. Lo más decente y con cierto sentido que quedaba de la actuación política de la aristocracia en Francia era la burguesa Madame Léon Daudet con su delantal blanco recibiendo los *pâté de lapin* de las damas *royalistes* para aplacar la gran hambre de los *camelots du roi* en los banquetes de L'Action Française.

Los salones de la marquesa de Crussol y de la condesa Hélène de Portes donde se reunían el clan radical y el clan conservador solo convencionalmente podían considerarse como tales salones. En el último acto de la tragedia de Francia la condesa Hélène de Portes ha desempeñado un papel dramático que tentará seguramente a los cultivadores de la *petite histoire* a hacer de esta dama y de sus relaciones íntimas con Paul Reynaud un capítulo sugestivo y folletinesco de la caída de Francia. Andando el tiempo y con un poco de imaginación no será difícil convertir a esta Madame de Portes en la mujer fatal de Francia en la hora crítica de su derrumbamiento. Su influencia personal sobre Paul Reynaud era incuestionable y por otra parte eran evidentes sus contactos estrechos con los núcleos que estaban resueltos a librar a Francia sin lucha al adversario. La condesa Hélène de Portes ha podido influir en las decisiones finales del hombre que regía los destinos de Francia en la hora culminante y esta influencia ha podido ser nefasta. Pero de ella no podrá deducirse nunca la presencia de una personalidad imperiosa a cuya intervención siniestra pueda imputarse la claudicación del gobierno de Francia. La condesa Hélène de Portes, pequeña y discreta, vulgar, insignificante, aunque con cierto atractivo sexual de *créole,* no ha sido, en definitiva, más que el reflejo cerca del jefe del gobierno de un ambiente. Puede imaginarse que en la intimidad Hélène de Portes decía a Paul Reynaud: «Hay que capitular» como lo decían treinta millones de mujeres francesas ganadas por la propaganda derrotista del enemigo, por la falta de fe en Francia y en la guerra. No he conocido una sola mujer francesa partidaria de esta guerra. La pobre Madame Tabouis era incuestionablemente la mujer más odiada por sus compatriotas.

La condesa de Portes ha podido ayudar con su influencia personal al cerco puesto por los partidarios decididos de la capitulación a la voluntad de lucha que positivamente animaba al presidente Reynaud; ella ha facilitado seguramente el golpe de Estado que dio el poder al mariscal Pétain colocando para ello al lado de Reynaud, como colaboradores suyos, a los agentes de la traición; pero su intervención ha sido puramente mecánica, no ha obedecido a ningún designio personal, ni a una voluntad imperiosa, sino a un reflejo del ambiente cerca del hombre a quien íntimamente se hallaba ligada. Yo la he visto en los momentos de la evacuación de Tours ordenando la caravana de automóviles oficiales en que la Presidencia del Consejo se trasladaba a Burdeos y me será difícil aceptar que aquella figura vulgar de *refugiada de primera clase*, de mujer sin importancia cortada por el mismo patrón que en aquella misma hora se afanaba por poner a salvo su vajilla de plata y sus tapices persas haya podido desempeñar un papel de primer plano en la tragedia de Francia.

Toda esta aristocracia francesa a la que los prejuicios demagógicos atribuyen una intervención maléfica, un terrible maquiavelismo y un poder casi sobrenatural, no ha tenido en la tragedia de Francia más que un papel pasivo y sin ningún relieve. Se han dejado llevar por el miedo de cada hora, por la sugestión de cada día, guiados únicamente por un ciego egoísmo, por un instinto torpe y primario de conservación que ha sido incapaz de salvarles.

En ninguna otra época las fuerzas conservadoras del país se han dejado llevar de un lado para otro con tan lamentable inconsciencia, nunca han opuesto menos resistencia, nunca han sido menos conservadoras. En los últimos meses se habían dejado ganar por los agentes del hitlerismo como en 1936 coqueteaban con el estalinismo y en 1934 se entregaban a los jefes de las ligas patrióticas. Las mismas marquesas que se convertían en agentes de Abetz y von Ribbentrop proclamando en sus salones que las democracias estaban llamadas a desaparecer y que solo un poder fuerte e indiscutible como el totalitarismo podría imponer el nuevo orden de Europa, eran las que diez años antes hacían coro a Briand, llevaban a las sesiones de la Sociedad de Naciones y a los conciliábulos del Hotel des Berges en Ginebra su perfume mundano y ponían los ojos en blanco para hablar de los Estados Unidos de Europa y del pacifismo. La inconsciencia y la frivolidad de la aristocracia, mejor dicho, de la flor y nata del capitalismo francés, se ha prestado dócilmente a todas las aventuras y a todos los saltos en el vacío. ¿No llegó incluso a dar calor y a prestar asistencia económica a aquel disparate de la *Cagoule*, grotesco ensayo de terrorismo hecho por unos insensatos aterrorizados ellos mismos por la sombra de un fantasma?

Hubo un momento en el que con plena consciencia de su propia incapacidad y escarmentada por sus fracasos, la clase conservadora francesa abdicó fácilmente en el conservatismo británico y depositó en manos del señor Chamberlain y su política internacional todas sus responsabilidades. En realidad, lo que esperaban de Chamberlain y del capitalismo británico los conservadores franceses no era la resistencia, sino la claudicación; no que luchase contra la barbarie hitleriana, sino que pactase con ella; no que defendiese los principios de la civilización, sino que los negociase a buen precio.

El capitalismo francés, penetrado hasta la médula por la propaganda totalitaria, está dispuesto desde luego a rendirse, creía sinceramente que el enemigo tenía razón, reconocía en lo íntimo de su ser que todos los ataques totalitarios contra las plutocracias estaban archijustificados y al ligar su suerte a la del capitalismo británico lo que buscaba era que las condiciones de su entrega fueran lo más ventajosas posibles. Esperaba sencillamente que el buen negociante de Birmingham que era Mr. Chamberlain liquidase en las mejores condiciones posibles el mal negocio que la democracia capitalista había venido a ser, pactando para ello con la temible competencia totalitaria. Cuando a pesar de todas las concesiones y a pesar de Múnich, hubo que ir a la guerra y las clases conservadoras francesas fueron descubriendo con espanto que su resignación a ser eliminadas y su voluntad de suicidio no eran compartidas, ni mucho menos, por las clases conservadoras británicas y que detrás del capitalismo inglés que no era tal como la propaganda totalitaria lo presentaba había un pueblo y un imperio dispuestos a la lucha a vida o muerte hasta la victoria definitiva, los mismos franceses que se habían echado en brazos de Inglaterra retrocedieron horrorizados. Desde que se vio con claridad que los ingleses aceptaban honestamente la dura realidad de la lucha, desde que se comprobó en Francia que la Gran Bretaña no consideraba la declaración de la guerra como un *bluff* ni se prestaba al juego de las *ofensivas de paz* para buscar el momento propicio a la capitulación, los ingleses empezaron a hacerse odiosos. Hacer frente al hitlerismo parecía a los conservadores franceses una locura y un suicidio. Tal era la fascinación ejercida sobre Francia por el poder hitleriano que aceptaba resignadamente el tremendo eslogan de: «Antes mil veces la esclavitud que la guerra». La dominación hitleriana no asustaba tanto a las gentes como la perspectiva de tener que luchar contra ella. Recordaré siempre la frase espantosa de uno de los directores de *Le Temps* que, al informarle uno de sus reporteros de que los soldados que salían para el frente por la Estación del Este iban con un excelente espíritu, exclamó irritado:

—¡Idiotas! ¡Cómo se conoce que no tienen nada que perder!

No olvidaré nunca tampoco la indiferencia y la serenidad desdeñosa de una dama propietaria de uno de los castillos del Loira, que mientras los alemanes entraban en París se lamentaba amargamente de tener que albergar a las oleadas de parisienses refugiados que huían del hitlerismo, cosa que se le antojaba perfectamente disparatada y sin ninguna justificación. Desde el fondo de su alma hitleriana anhelaba que los destacamentos nazis llegasen cuanto antes a su dominio y lo limpiasen de aquel tropel de la canalla democrática de París que lo había invadido. Seguramente alojaría con mucho más agrado a los soldados alemanes que a sus propios compatriotas partidarios de aquel infame *Frente Crapular*.

La burguesía

Ante la prueba de la guerra, la burguesía francesa media y la pequeña burguesía no han valido más que la alta burguesía capitalista y los intelectuales. La guerra no ha sido en realidad para ellas más que incomodidad. No se les pedía ni heroísmo ni espíritu de sacrificio. Se les pedía solo que soportaran con resignación y buen agrado unas incomodidades secundarias. Pero ni siquiera esta mínima contribución han estado dispuestas a satisfacer. En Francia las gentes burguesas clamaban por la paz a cualquier precio sencillamente porque les molestaba andar a oscuras por las calles, porque se había reducido el servicio de autobuses, porque se les habían suprimido los aperitivos tres días a la semana, porque estaban prohibidos los chocolates de lujo, porque no se podían jugar el dinero en las carreras de galgos, porque no se podía bailar en los *cabarets* y porque en el cine tenían que aguantar los noticiarios de guerra y en la radio los discursos patrióticos y las marchas militares. Uno se pregunta con desaliento de qué serían capaces, en fin de cuentas, unas gentes como aquellas que no creían que la guerra valiese la pena de soportar la más mínima incomodidad. El estado de irritación en que el *black-out,* o el día sin carne o la supresión de una estación del metro ponían a la generalidad de los franceses, hacía nacer en la masa el deseo imperioso de que aquello terminase cuanto antes, de que se acabase la guerra como fuera, de que los alemanes ganasen de una vez. Que se hunda el mundo, si es preciso, pero que no se me moleste.

Este egoísmo feroz, desesperado, egoísmo rayano en el heroísmo, ha sido acaso la razón fundamental de la catástrofe de Francia y merecería que los sociólogos lo estudiasen a fondo y extrajesen todas sus consecuencias. La masa popular francesa de los últimos tiempos estaba formada únicamente por la suma de todos estos egoísmos individuales llevados al paroxismo, al absurdo de que fuese más fácil y menos peligroso suprimirle al pueblo sus libertades seculares o su dignidad ciudadana que suprimirle una línea de autobús. En la ciudad moderna, en la complejidad de sus servicios se produce este fenómeno terrible que ya hemos señalado al principio. Un Estado puede derrumbarse, un país puede ser invadido sin que se produzca en las masas una reacción profunda, pero en cambio no es posible que el servicio municipal de limpieza deje de recoger las basuras durante cuarenta y ocho horas. Las masas modernas lo soportan todo menos la incomodidad material, física. La independencia de la patria, los derechos del hombre, los destinos de la civilización, son hoy para la gran masa ciudadana puras abstracciones que no tienen ningún sentido frente al hecho cierto, tangible, irritante, de que al salir del trabajo no se pueda tomar el aperitivo o de que haya que

perder una hora haciendo cola ante la puerta de una pana-
dería o de que el tráfico rodado no esté cuidadosamente re-
gulado en las encrucijadas por los agentes de la autoridad.
El automovilista que se ve obligado a permanecer quince
minutos inmovilizado entre cuatro filas de autos por un
embotellamiento adquiere inmediatamente la convicción
de que el Estado que le gobierna ha fracasado en su función esencial, y en ese momento no le importa lo más mínimo su significación ideológica ni su destino histórico; lo
que quiere, nerviosamente, angustiosamente, es que las rue-
das de su auto puedan seguir rodando, recorrer el número
de kilómetros que se había propuesto salvar en el tiempo a
que le da derecho la potencia de la máquina que maneja.
Todo lo demás le trae completamente sin cuidado. Este fenómeno de falta de imaginación colectiva es esencialísimo
si se quiere comprender la catástrofe de Francia. Cito este
ejemplo del *chauffeur* –personaje representativo de nuestro
tiempo según el conde Keyserling– porque en las últimas
horas de Francia esta fue la imagen más fuerte e impresionante que me quedó de la catástrofe. Mientras en el camino de París a Tours cien mil autos apelotonados marchaban
lentamente, tropezándose, empujándose, y quedándose
atascados en las cunetas con esa morosidad y esa confusión
terrible de los grandes éxodos, los primeros destacamentos
alemanes que entraban en París estaban formados por
agentes de la circulación que se pusieron tranquilamente a
regular el tránsito. París fue conquistado por los agentes de
la porra. El último automóvil fugitivo que salía de París
tuvo que desviar su ruta en la Puerta de Saint Cloud porque un agente de circulación hitleriano maniobrando las
señales luminosas del tráfico había puesto el disco rojo en

el cruce para dar paso a los carros de asalto de la primera división motorizada alemana que entraba al asalto de París.

Esta es una de las grandes revelaciones de la catástrofe de Francia. Tenemos el prejuicio de que las grandes catástrofes de los pueblos solo son posibles en medio de un apocalíptico desorden; conservamos fielmente la imagen dramática de las guerras clásicas, creemos demasiado en la realidad de las estampas románticas de victorias y derrotas y no acertamos a ver que en nuestro tiempo, dentro de la cuadrícula estrecha de nuestra organización social y urbana, las cosas suceden de una manera mucho más sencilla, con una simplicidad y una facilidad aterradoras. En la Puerta de Saint Cloud un guardia de la circulación había sido sustituido por otro. Esto es todo.

Un inmenso imperio se ha derrumbado, veinte siglos de civilización han sucumbido.

Traición de la mesocracia

Y esto es posible, trágicamente posible, gracias a la idiosincrasia de la masa en la ciudad moderna. Cuando se habla de la masa se comete el error de pensar, no en el pueblo, tal cual es, en el conjunto de seres distintos movidos casi exclusivamente por sus enormes necesidades inmediatas y sus apetitos individuales coincidentes solo en un número muy limitado de objetivos puramente físicos, sino que se piensa en la masa organizada, es decir, en el proletariado. Y no hay punto de comparación entre uno y otro. La propaganda de los partidos proletarios tiende a identificar a la masa, al pueblo, con las legiones de trabajadores encuadradas por sus organizaciones sindicales y con una moral superior que les ha sido infundida por la lucha de clases. Pero la masa no es eso.

En la catástrofe de Francia se ha dado el caso de que a pesar del formidable elemento de descomposición que el comunismo y, más concretamente, la política estaliniana introducía en las masas trabajadoras francesas, estas masas de proletarios organizados han cumplido con su deber y han dado en las fábricas de la defensa nacional y aun en las industrias particulares el rendimiento que de ellos se exigía. En cambio, la masa amorfa, el pueblo, las clases medias, la pequeña burguesía, los menestrales, los hombres de profesiones liberales, los tenderos, toda esa plebe urbana que antes era el asiento sólido de la democracia y estaba animada de una moral ciudadana y guiada por unos deberes estrictos de la ciudadanía, ha fracasado lamentablemente. «¡Fracaso terrible de la democracia!», gritan triunfalmente los partidarios de las tiranías. Falso. Esa masa en que se apoyaba antes la democracia había dejado de ser demócrata, había renegado de sí misma, se había dejado atraer estúpidamente por la dictadura del proletariado o por la tiranía del caporalísimo y no habiendo sido dominada y encuadrada definitivamente ni por la una ni por la otra se había convertido en el gran elemento de descomposición del Estado francés. Esa pequeña burguesía proletarizada y esos burgueses medios que han sido sustraídos al liberalismo por el nacionalismo integral maurrasiano, es decir, por el nazismo totalitario, ha sido una de las causas principales de la catástrofe francesa. Porque al proletarizarse o al hacerse partidarias de la tiranía esas masas populares perdían automáticamente las virtudes características de la ciudadanía, de la democracia y hasta el patriotismo y quedaban a merced de sus apetitos y sus instintos, sin ninguna coacción moral, sin ningún deber cívico, toda vez que las dos revoluciones totalitarias de Francia, la de las ligas nacionalistas en 1934 y la de los comunistas y el frente popular en 1936 habían fracasado sucesivamente y las doctrinas que habían servido para sublevar a las masas contra la democracia no habían sabido, en Francia, dar a esas masas una disciplina nueva que sustituyese la que frívolamente habían destruido. El ciudadano francés, perdida su vieja fe en la ciudadanía liberal, había sido arrastrado por la barbarie, esta barbarie moderna que sacrifica la dignidad humana a la satisfacción de los instintos dentro del cuadro estricto de una reglamentación de policía urbana inflexible.

Los ingleses en Francia

El 14 de julio de 1939 fue la apoteosis de la amistad franco-británica. Después de haber desfilado por la avenida de los Champs-Élysées junto con las tropas francesas, los soldados ingleses eran aclamados y festejados en los bailes populares de Montmartre y Montparnasse con un entusiasmo de victoria. Francia se hacía la ilusión de haber ganado la guerra, que se consideraba inminente, con solo aquella impresionante parada o, por lo menos, tenía la convicción de haberla alejado durante algún tiempo.

Porque, en realidad, lo que los franceses festejaban no era la capacidad de lucha que hubiese en las tropas inglesas, sino la manifestación bien ostensible de una fuerza que podría imponerse por sí misma sin tener que ir a la lucha verdadera. El entusiasmo popular francés por Inglaterra se basaba en la esperanza de que esta, ante todo y sobre todo, sabría y podría evitar la guerra. Ha habido un periodo en el que Francia ha estado absolutamente en manos de la

Gran Bretaña porque creía que en esta alentaba el mismo espíritu de renuncia y abdicación que dominaba en Francia. La alianza con Inglaterra era para los franceses la posibilidad de negociar una capitulación en condiciones mucho más ventajosas que en un desesperado *tête à tête* con la Alemania hitleriana. Se esperaba que después de Múnich, Inglaterra se prestase todavía a una serie de claudicaciones sucesivas que diesen al fin satisfacción a la gran hambre totalitaria. Lo que se quería de verdad era que la fuerza británica sirviese únicamente para arrancar las mejores condiciones posibles de un nuevo Múnich del Mediterráneo, y otro del Báltico y otro de África y otro de Asia... Todo menos tener que luchar. Francia confiaba para ello en la política del señor Chamberlain y con esta seguridad de que no habría que recurrir a las armas vitoreaba alegremente a los soldados británicos.

En cuanto se frustró esta esperanza e Inglaterra mostró su firme voluntad de hacer honor a los compromisos contraídos y afrontar valientemente la lucha, el francés frunció el entrecejo y los aliados ingleses comenzaron a parecer enojosos.

Las tropas inglesas que comenzaron a llegar a Francia inmediatamente después de la declaración de guerra eran recibidas ya sin aquel entusiasmo desbordante del 14 de julio. El francés, que había ido a la guerra a regañadientes, con una profunda exasperación, un malhumor insufrible y un deseo de acabar pronto, como fuese, miraba de reojo a los soldados británicos que desembarcaban en Francia con un ingenuo y sano optimismo alzando orgullosamente el pulgar en señal de victoria, riéndose con toda la boca y cantando despreocupadamente unas alegres y banales cancioncillas de guerra. Un hecho curioso, a cuya fácil comprobación invito a quien quiera, era el de que en todas las fotografías que se han publicado desde el comienzo de la guerra los soldados británicos aparecían siempre sonrientes, de buen humor, con un optimismo franco que se reflejaba en los rostros, mientras que en las fotografías de las tropas francesas no había un solo soldado que no tuviese el ceño dramáticamente fruncido o no mostrase un rostro patéticamente impasible. No he visto una sola imagen del ejército francés en la que aparezca la sombra de una sonrisa, la luz de una mirada franca, jovial y segura de sí misma. Desde el primer día las tropas francesas daban la sensación penosa de un ejército desesperado, sin esperanza alguna en la victoria.

Esta diferencia de estado de ánimo que inicialmente se marcaba había de irse acentuando a medida que el tiempo transcurría. Se tenía claramente la sensación de que el soldado francés iba arrastrado penosamente a una lucha a la que el inglés se lanzaría por su propio impulso y, en fin de cuentas, no parecía sino que el uno llevaba a remolque y contra su voluntad al otro. Esta sensación, falsa, toda vez que Inglaterra no había dado un solo paso que Francia no hubiese querido y aprobado previamente, cuando no exigido, iba a ser explotada inmediatamente y con gran intensidad por la propaganda alemana. Durante nueve meses toda la campaña desmoralizadora hecha por Alemania sobre el ejército francés se ha basado en esta afirmación: «Estáis haciendo una guerra superflua que no habéis querido nunca ni teníais necesidad de hacer, solo porque los ingleses, para defender su imperio, os han arrastrado a ella». Este era todo el maquiavelismo del doctor Goebbels.

La forma en que se ha desarrollado esta campaña revela tanto los sentimientos primarios sobre los que el nazismo actúa como la perfección técnica a que en esta pura y simple práctica del mal ha llegado la barbarie hitleriana. Por ejemplo, cuando a un destacamento británico se le encomendaba la defensa de un sector del frente que hasta entonces había permanecido en absoluta calma, la artillería alemana desencadenaba un furioso bombardeo tanto sobre las posiciones que ocupaban los ingleses como sobre las que a ambos flancos guarnecían las tropas francesas procurando incluso castigar más duramente a estas que a las británicas para que simultáneamente los altavoces de su propaganda pudiesen excusarse señalando a los franceses que si no hubiera sido por la presencia de los británicos los habrían dejado en paz como antes. «No es contra vosotros, franceses, sino contra los ingleses contra quienes tiramos. Perdonadnos».

Y lo triste era que estas burdas estratagemas prendiesen en el ánimo ruin de los soldados franceses, que se irritaban más contra sus aliados que contra el enemigo mismo. Yo he hablado con grupos de soldados que consideraban como un castigo el tener que ir a guarnecer una posición de primera línea lindante con las posiciones inglesas y consideraban a los ingleses más culpables de los obuses que les caían encima que a los mismos alemanes que los disparaban.

Cuando las tropas inglesas eran relevadas en un sector por soldados franceses, los altavoces alemanes gritaban en francés: «¡Bienvenidos los muchachos de la compañía tal del regimiento cual! Podéis dormir tranquilos. Ahora que se han ido los ingleses no os molestaremos».

Uno de los temas favoritos de la propaganda antibritánica en el ejército francés era la explotación de una rivalidad sexual que no ha existido nunca en la realidad pero que los alemanes intentaban crear y sostener a todo trance a fuerza de infundios. En las primeras semanas de la guerra aparecieron al otro lado del Rin unos cartelones en los que se decía: «Mientras vosotros estáis aquí pudriéndoos en las trincheras los soldados ingleses hacen el amor a vuestras mujeres». El espíritu francés, que todavía no se había perdido del todo, la *gouaille* parisiense replicaba al principio a estas ridículas excitaciones con cierto ingenio. «*Et bien quoi... on est de copains...*», contestaron desenfadadamente con otro cartelón los franceses. Pero la tenacidad con que la propaganda alemana vertía imperturbable sus insidias terminaba por irritar a los franceses y desesperarlos. La táctica hitleriana, proclamada abiertamente en *Mein Kampf*, de que una mentira mil veces repetida puede llegar a parecer verdad triunfaba del buen sentido y la ecuanimidad de los soldados franceses, hartos, por otra parte, de permanecer mano sobre mano en las posiciones y con un ansia cada vez mayor de volver a los hogares que habían tenido que abandonar.

Esta explotación de la supuesta rivalidad sexual entre franceses e ingleses fue llevada por los nazis a extremos verdaderamente bochornosos e indignos, no ya de un país civilizado, sino de la dignidad humana más elemental. Los aviones alemanes hicieron una noche un *raid* sobre París solo para arrojar unas tarjetas francamente pornográficas en las que aparecía un soldado francés barbudo y miserable en el fondo de una trinchera con esta leyenda al pie: «¿Dónde están los ingleses? Si quiere saberlo mire al trasluz». Y mirando de este modo la tarjeta aparecía dibujada una escena francamente indecorosa en la que una francesa se entregaba a un soldado británico ebrio de *champagne*.

Ninguna vileza se han ahorrado los servidores del doctor Goebbels. Se daba el caso de que los soldados franceses que se hallaban en el frente recibían cartas anónimas denunciándoles los adulterios de sus mujeres. Este sistema de desmoralización, según pudo comprobar la policía francesa, lo llevaban a cabo los agentes de la quinta columna quienes, para dar mayor verosimilitud a sus falsas delaciones anónimas, visitaban previamente con un pretexto cualquiera los hogares de los soldados movilizados, charlaban con sus mujeres, les sonsacaban algunos detalles de la intimidad del menaje y así podían luego describirles a los soldados su propio interior con impresionantes detalles que daban valor al anónimo.

El odio al soldado

La presencia de las tropas inglesas era acogida por las poblaciones civiles sin ningún entusiasmo. Tras los ingleses venían indefectiblemente los bombardeos de los aviones alemanes, y las poblaciones civiles, cuya principal preocupación, casi la única, era esquivar los riesgos y penalidades de la guerra, soportaban mal la presencia de aquellos huéspedes que sistemáticamente concitaban la ira del adversario. «¡Cómo nos van a dejar tranquilos los alemanes si tenemos ingleses en nuestra villa!», se lamentaban aquellas gentes para quienes la guerra no era sino una calamidad que se les venía encima contra todo su deseo y a pesar de sus esfuerzos desesperados para eludirla. Oyéndoles, no parecía sino que ingleses y alemanes se peleaban por algo que a los franceses les tenía completamente sin cuidado y habían tenido la desdichada ocurrencia de elegir la tierra de Francia como arena de su combate. Y, como ocurría en el frente, las poblaciones civiles tomaban ojeriza a los ingleses, en quienes veían a los culpables de las bombas que les caían encima. Los alemanes, que conocían o adivinaban esta reacción, se encarnizaban con los puntos de concentración de las fuerzas británicas y por la radio denunciaban al pueblo de Francia la responsabilidad de su gobierno al mantener contingentes británicos en el centro de las ciudades populosas.

Cuando las tropas inglesas se diseminaban en poblaciones pequeñas y acantonamientos rurales, las fricciones con la población civil eran aún más intensas. Aunque los ingleses llevasen consigo todo lo que pudiesen necesitar, como los recursos de los pueblos son siempre muy reducidos, se producía fatalmente un encarecimiento del costo de la vida cuando ellos llegaban. Los ingleses pagaban bien y naturalmente la codicia de los tenderos y campesinos hacía que apenas tuviesen a la vista el buen cliente que es el soldado inglés, le reservasen lo poco que había en el pueblo dejando sin nada al indígena comprador cicatero y exigente. Apenas se presentaban los ingleses desaparecían de los mercados los mejores géneros, que los comerciantes ocultaban cuidadosamente para vendérselos a buen precio al extranjero que pagaba sin rechistar lo que le pedían mientras el pobre francés, que pagaba regateando *sou* a *sou*, no encontraba entre sus compatriotas quien le vendiese nada de lo que necesitaba. Como es lógico, los franceses maldecían a los ingleses que les encarecerían la vida cuando, en realidad, era a sus propios coterráneos con su negra codicia a quienes hubieran debido maldecir.

La compenetración de franceses e ingleses, relativamente fácil en las grandes ciudades y sobre todo en París, era prácticamente imposible en pueblos y aldeas a pesar de todos los esfuerzos beneméritos que se han hecho en tal sentido. El inglés tiene una considerable capacidad de aislamiento y, por su parte, al francés, en presencia del extranjero, le nace un nacionalismo puntilloso que le hace perder muchas de sus buenas cualidades. Las zonas de compenetración y contacto de dos pueblos tan distintos como el inglés y el francés son muy limitadas.

Es verdad que en los grados superiores del ejército expedicionario inglés había una entusiasta inclinación por Francia y que la compenetración entre jefes y oficiales franceses e ingleses había llegado en ocasiones a ser muy estrecha y cordial. Pero saliendo de la zona intelectual en que se movían los oficiales de enlace y los intérpretes, acertadamente elegidos por ambos países, la incomunicación era absoluta. Era inútil que André Maurois hiciese el decálogo de las relaciones franco-británicas saliendo inteligentemente al paso de mutuas y evidentes incomprensiones. Yo he visto a los ingleses en los pueblecitos de Francia discurrir con ese aire ausente que les es característico en medio de unas poblaciones, si no hostiles, indiferentes, incapaces de ningún movimiento cordial porque se hallaban hoscamente encerradas en su exasperación contra la guerra y contra quienes la hacían, no solo los adversarios, sino también los aliados y aun los propios soldados franceses. Era la guerra, toda la guerra, lo que irritaba a estas poblaciones francesas, pacifistas hasta el absurdo, pacifistas hasta el suicidio a pesar de la aparente indignación con que había sido rectificada y renegada la desdichada política pacifista de Briand.

Pasados los dos primeros meses de guerra las poblaciones civiles no disimulaban el mal humor que la presencia de las tropas les producía. No era una hostilidad determinada contra los ingleses, sino contra todo soldado, contra todo uniforme, contra todo lo que recordase la guerra o la exaltase.

Esta hostilidad se acentuó contra los ingleses cuando empezaron a aparecer en Francia las mujeres en uniforme del servicio auxiliar femenino británico. Estas mujeres irritaban particularmente a los franceses, y, no hay que decir, a las francesas.

Las mujeres francesas y las inglesas

La mujer francesa, que ha estado radicalmente en contra de esta guerra, no ha querido tomar parte en ella de una manera franca, y, exceptuando a unos núcleos de damas y damitas de la buena sociedad, se ha limitado a ignorarla o a sufrirla con mal disimulada indignación. En realidad, aparte esa simulación de actividad a que se han entregado algunas mujeres de mundo, a la guerra no han cooperado más que las mujeres necesitadas, las obreras de las industrias de lujo que se quedaban sin trabajo y tenían que ir a ganarse un jornal en el duro trabajo de las fábricas de municiones. Muchos miles de costureras, perfumistas, vendedoras de almacén, mecanógrafas, maniquíes, bailarinas, camareras, etcétera, toda la juventud femenina a la que alimentaba mal y vestía bien el París de lujo y placer de los tiempos de paz, ha tenido que cambiar su vida convencional y artificiosa, vestir el mono azul y resignarse al agotador trabajo a la cadena en los talleres de la defensa nacional estropeándose las uñas pintadas y descuidando la rizada y platinada cabellera.

Dicho sea en honor suyo, este penoso proceso de proletarización que ha impuesto la guerra lo ha soportado la mujer francesa y particularmente la parisiense con una energía moral y física superior a lo que hubiera podido esperarse. Pero este esfuerzo dramático, este trabajo oscuro, monótono y agotador durante el día y luego, durante la noche, la soledad y el abandono, exacerbaban en las mujeres el odio a la guerra. No sintiendo por ella ningún entusiasmo ni fe, pareciéndoles odioso lanzarse a ella de todo corazón como hicieron desde el primer momento las mujeres inglesas, se veían obligadas para poder subsistir económicamente a servirla en el oscuro y penoso trabajo de las fábricas. Esto les hacía reaccionar violentamente contra todo lo que significase adhesión entusiasta y proclamación femenina de solidaridad con el estado de cosas que se había producido. Que los hombres tuviesen que endosarse el uniforme y obedecer a la orden de movilización era explicable porque a ello se veían constreñidos por la ley, pero que las mujeres, que no estaban obligadas, se organizasen militarmente, se uniformasen por su gusto y se consagrasen a un servicio voluntario en el ejército se le antojaba a la mujer francesa una verdadera aberración.

Siendo capaz de verdaderos sacrificios, la mujer francesa no concibe sin embargo este del servicio *enregimentado*. No cree que haya en él ningún altruismo. Niega rotundamente su eficacia y considera que la mujer que a él se dedica lo hace en realidad, no con el anhelo de ser útil en lo que le es peculiar, sino con el afán desmesurado de emular al hombre y sobre todo de imitarle en los aspectos menos estimables de su función militar, en la exhibición puerilmente vanidosa de un uniforme y unos grados que no sirven sino de pretexto a la fatuidad e incluso a la coquetería. La eficacia del servicio que pueden prestar las mujeres en la guerra moderna escapa a la comprensión, tan aguda en otros aspectos, de la mujer francesa, demasiado mujer, demasiado apegada a sus prejuicios y convencionalismos sexuales.

El hombre francés tampoco acepta de buen grado la injerencia de la mujer en la función militar. Uno de los más prestigiosos generales del Estado Mayor proclamaba orgullosamente en la prensa que en todo el ejército francés no había una sola mujer y se daba el caso de que aviadoras universalmente famosas como, por ejemplo, Maryse Bastié, no habían podido volver a volar desde el momento en que se declaró la guerra. Únicamente se había aceptado a las mujeres para la conducción de automóviles que transportaban material sanitario al frente. El SAFF (Servicio Automovilístico Femenino Francés) era la única puerta que se había dejado entreabierta a las mujeres que querían servir en la guerra. Pero en general se las rechazaba inexorablemente incluso burlándose de ellas y mandándolas a hacer *tricot* para los soldados.

Superfluidad femenina

Esto no impedía que cierta clase social femenina desplegase con motivo de la guerra una actividad extraordinaria que forzosamente había de limitarse a obras benéficas en la mayoría de los casos superfluas, pura apariencia de actividad, mero pretexto para intervenir y danzar en comités ociosos y de puro relumbrón. Para emplear a las mujeres distinguidas, a las que no se quería utilizar directa y eficazmente en la guerra, se organizaban comedores de asistencia social, centros de albergue, refectorios en las estaciones, etcétera. Pronto, cada gremio artístico y literario de París tuvo su *popote* de guerra o cocina económica en la que se daba de comer a bajo precio merced a la ayuda oficial y a unas suscripciones públicas encomendadas a las damas parisienses. Había la *popote* de los comediantes, la de los artistas de *music-hall*, la de *las viejas cigarras de Montmartre* y la de los literatos, en las que auténticas princesas y marquesas con sus delantales blancos se hacían la ilusión de estar desempeñando una función útil para ganar la guerra porque servían de comer con buena gracia a unos pobres diablos menesterosos y a unos parásitos eternos.

La mujer francesa no tomaría parte efectivamente en la guerra, pero se movía y danzaba como si fuese ella quien tuviese que ganarla. A este respecto se contaba en París una anécdota divertida y significativa:

Un generoso donante había enviado a la esposa del generalísimo Gamelin un cheque importante con destino al sostenimiento de una de las numerosas obras benéficas que patrocinaba la distinguida dama. Al cabo de unos días el donante recibió una expresiva carta en la que el propio generalísimo de su puño y letra le daba las gracias en nombre de su esposa a la que excusaba por no hacerlo ella personalmente pues los múltiples trabajos que a causa de la guerra la agobiaban se lo impedían.

Solo las más jóvenes

En Francia, durante la guerra no se creía que las mujeres pudiesen ayudar más eficazmente a ganarla, y, como una concesión benévola, se les dejaban solo estos entretenimientos superficiales, este simulacro de actividad. Las inglesas, con su intervención activa, directa, intensa y, sobre todo, con la espectacular exhibición de sus uniformes, producían una viva irritación hasta el punto de que en algunas ocasiones la prensa tuvo que hacer valer los servicios admirables de las mujeres-soldados en el ejército, sus trabajos penosos, su abnegación y su coraje para que el público las respetase cuando las veía en los *boulevards* o en los bares ingleses de los alrededores de la Ópera y suponía malévolamente que no hacían otra cosa en la guerra que pasear luciendo el uniforme, flirtear con los oficiales y beber *cocktails*.

La diferencia nacía de que así como los franceses rehuían la guerra y permanecían ante ella toscos y encerrados en sus reservas mentales y su malhumor por tener que sufrirla, ingleses e inglesas se habían lanzado a ella con todas sus consecuencias, la vivían con entusiasmo, sin temor, sin exasperación, seguros de sí mismos y del triunfo final. Esta actitud desenfadada y jovial de los ingleses contrastaba con el ceño aborrascado del francés, que no tenía ninguna fe en sí mismo ni en el resultado de la lucha entablada. Unos y otros no podían entenderse.

En París, todavía había alguna simpatía popular para el aire resuelto y bizarro de los *tommies* y para la petulancia juvenil de las mujeres-soldados. Pero en el resto de Francia, no. Era inútil que en los acantonamientos rurales el buen humor inglés intentase hacer sonreír a los aldeanos con alguna de esas farsas *clownescas* que tan felices hacen a los ingleses. En realidad, yo solo he visto en Francia miradas de admiración y afecto por los *tommies* en los ojos de los más jóvenes, de los adolescentes de doce a dieciocho años que ingenuamente se dejaban llevar por sus sentimientos de simpatía sin prejuicios políticos. Los otros, los hombres adultos, presos ya en el engranaje de la vida nacional triste y ruin de los últimos años, les veían pasar recelosamente y sin abandonar sus reservas.

Yo no sé si los ingleses percibían claramente esta hostilidad ambiente. Sospecho que sí. Pero ello no les impedía sonreír con todos sus dientes y mostrar el puño con el pulgar levantado a unas gentes que no se explicaban este ademán ingenuo y firme de victoria. Yo les he visto, cuando ya los alemanes avanzaban a carrera abierta, haciendo imperturbables su centinela en las aldeas de Francia con la misma formalidad estricta que si estuvieran a la puerta de Buckingham Palace a pesar de la mirada socarrona de los soldados franceses recostados en las paredes y con las guerreras desabrochadas. Yo les he visto sonreír y levantar el pulgar triunfalmente cuando los buques que les devolvían a Inglaterra se alejaban del muelle de Burdeos, donde una muchedumbre frívola les despedía quizás con más simpatía que nunca porque al verles partir se hacía la ilusión de que la guerra había terminado.

La economía de sangre

La evolución de Francia durante la guerra, el proceso seguido por el pueblo francés y por sus dirigentes hasta el momento en que sobreviene la catástrofe, podemos explicár-
noslo hoy con una claridad meridiana.

En el primer acto de la tragedia, al levantarse el telón de
la guerra, el pueblo se dispone olvidando todas sus diferencias a defender a la patria contra la amenaza extranjera. El
aparato militar del Estado funciona automáticamente y las
masas, sólidamente encuadradas, ocupan sus puestos de
combate. En esta primera etapa no ha habido defecciones.
Los comunistas, como los fascistas, todos los enemigos interiores de la democracia simbolizada por el Estado renun-
cian momentáneamente a su querella ideológica y acuden a
la salvación del país. Mauricio Thorez se presenta en su regimiento y como él todas las huestes comunistas acuden a
servir en las unidades mandadas generalmente por los mismos sargentos y oficiales que contra ellos habían organiza-

do seis años antes las ligas patrióticas. En los primeros encuentros con el enemigo, unos y otros rivalizan en decisión y coraje. Hay un período en el que los oficiales *croix de feu* proclaman que los comunistas son unos soldados excelentes y los comunistas, por su parte, se manifiestan orgullosos del valor personal y la capacidad de sus jefes. Los odios de clase y el encono de la lucha ideológica están a punto de desaparecer. Las columnas de *Le Fígaro* relatan cumplidamente las hazañas de los soldados comunistas en el *no man's land* de la línea Maginot y no les regatean sus elogios. Si la guerra se hubiera generalizado entonces, si hubiese habido en aquellos momentos una gran batalla, tal vez Francia se habría salvado.

Pero, después de unos días en los que el ejército francés se había ido templando en la lucha, se presenta al fin la necesidad de un encuentro serio, de un combate general y probablemente muy sangriento. Los alemanes atacan y el mando francés, al ver flaquear a sus avanzadillas bajo la presión enemiga, ordena prudentemente y apoyándose en válidas razones estratégicas la retirada a las posiciones sólidamente defendidas de la línea Maginot. La obsesión del generalísimo, del Estado Mayor y del gobierno es la de economizar la sangre francesa, pase lo que pase.

Este afán de economizar la sangre de sus hombres, que es una de las virtudes primordiales de los jefes, llevado al extremo al que lo ha llevado Francia es funesto. En las circunstancias en que la guerra se planteaba este sistema había de ser fatal porque solo el baño de sangre inevitable y terrible que la guerra exigía hubiese limpiado a Francia definitivamente de la podredumbre ideológica que la consumía.

Hitler ve entonces que los franceses le invitan a romperse los dientes contra la línea Maginot y decide no acudir a la cita. «¡Solo quieren hacer una guerra de señores!», proclama despectivamente la prensa nazi. La guerra queda virtualmente interrumpida porque Hitler, que no es el toro ciego de furor que los franceses hubiesen deseado, inicia entonces la campaña de sus ofensivas de paz que había de prolongar durante todo el invierno seguro de que, con el tiempo, iría madurando y cediendo la resistencia interior de la nación francesa galvanizada en el primer momento.

Mentalidad Maginot y podredumbre interior

Si Francia hubiese sido una nación sana e interiormente sólida, la guerra de fortaleza que entonces se emprendía, conjugada con el bloqueo británico, hubiera podido durar diez años y al final hubiera dado en tierra con el hitlerismo. Pero Francia estaba podrida e interiormente desgarrada por una guerra civil larvada en la que solo se había producido una tregua momentánea impuesta por la inminencia del peligro exterior.

Apenas pasó el fervor de los primeros momentos y los franceses se consideraron suficientemente defendidos por la línea Maginot e indefinidamente avituallados merced al dominio de los mares por las escuadras aliadas, se consagraron de nuevo a sus luchas interiores, a esa tragedia sorda en la que el amor a la patria quedaba relegado por el odio de clase o el espíritu de casta. El fermento malsano de las dos revoluciones que habían abortado sucesivamente en 1934 y 1936 volvía a envenenar a las masas. Estas dos revoluciones fracasadas, que aparentemente tenían un signo contrario y dividían al pueblo francés en dos facciones lanzadas ciegamente cada una de ellas contra una de las dos caras de la divinidad totalitaria, resurgieron al choque de la guerra. Antes que en la derrota del enemigo exterior los partidarios de una u otra de las dos caras del Jano totalitario pensaron en que gracias a la guerra iba a presentárseles la ocasión de hacer triunfar el sistema ideológico al que se habían adscrito y de cuya implantación hacían depender el porvenir de la patria. Para los unos, Francia no sería si no era fascista. Para los otros no había más Francia posible que la de la revolución del proletariado.

Las clases socialmente conservadoras que habían sido subyugadas por el fascismo fueron las que primero creyeron que con la guerra había llegado su hora. La guerra les serviría ante todo para apoderarse del claudicante e indefenso Estado liberal, para convertir a Francia en una dictadura totalitaria salida de los cuartos de bandera y las comandancias del frente que no dejarían de producir el Hitler o el Mussolini deseado. Con este espíritu se aplicaron a la lucha interior no solo contra el comunismo, sino también contra todo lo que significase una supervivencia del espíritu liberal y democrático que era oficialmente, pero solo oficialmente, la doctrina del Estado. La guerra venía a darles el triunfo que no habían sabido conquistar en 1934.

Sería calumnioso decir que estas fuerzas filofascistas estaban decididas a la capitulación total y sin condiciones ante el hitlerismo al que secretamente admiraban y que hubiesen deseado para Francia. No. Se hacían la cándida ilusión de que saldarían la cuenta pendiente con la Alemania hitleriana entregándole el cadáver de la democracia y de la república si era necesario y creían, tal vez de buena fe, que el equilibrio futuro de las potencias totalitarias y su lucha final contra el comunismo —¡la engañosa ilusión capitalista!— exigiría la supervivencia de una Francia fuerte e independiente aunque ideológicamente situada en la órbita del totalitarismo. Su convicción firme era la de que Francia se salvaría sencillamente porque Italia no querría nunca quedarse a solas con la Alemania hitleriana en una Europa sometida absolutamente a la hegemonía germánica. «Pongámonos al lado de Italia —pensaban—, que Italia nos salvará por la cuenta que le tiene y si al fin y al cabo hay que hacer verdaderamente la guerra contra Alemania, no porque sea hitleriana sino porque es Alemania, hagámosla por cuenta de un régimen totalitario como el italiano que satisface nuestros ideales políticos y sociales y no por la cuenta de una democracia como la inglesa cuyo triunfo consolidaría un régimen en el que no creemos». Este era concretamente el razonamiento que se hacían las derechas filofascistas francesas y a él se debía su actitud ulterior durante la guerra, que es la que ha llevado paso a paso a la catástrofe.

Los comunistas, por su parte, viendo que la declaración de la guerra ponía el poder auténtico en manos de los fascistas, hacían una reflexión no menos sencilla: «¿Para qué vamos a pelear? —decían—. Esta guerra no tiene sentido para el proletariado. Nosotros ya la hemos perdido. Desde el momento en que es el fascismo el que nos manda ¿por qué hemos de hacernos matar estúpidamente para defender una ficción democrática en la que nadie puede creer? Lo que tenemos que hacer es precipitar el proceso de descomposición y aniquilamiento de este régimen falsamente democrático que no es sino una ficción tras la que se ampara el fascismo capitalista.

Este Estado al que tenemos que defender no es el nuestro. No va a ser siquiera el Estado democrático y liberal que consentía, a favor de las libertades públicas, la organización revolucionaria del proletariado, sino que en definitiva va a ser una contrafigura del fascismo sin otra misión que la de defender a los capitalistas de la City de Londres contra la gran hambre totalitaria. Avivemos el desenlace de esta guerra que por nuestra parte está ya perdida. Solo después de que el país haya pasado por la derrota llegará nuestra hora». Así razonaban los comunistas.

Efectivamente, a los dos meses de declarada la guerra la consigna que el partido comunista difundía era la de que la guerra estaba ya perdida para Francia y era absurdo continuarla por la tenacidad y el interés exclusivo del imperialismo británico.

Así se expandía el derrotismo que la policía era impotente para perseguir. Y así se daban la mano por primera vez, en la anglofobia, el comunismo y el nacionalismo integral maurrasiano.

Frente a estas dos tendencias, coincidentes en un hecho concreto, el de que no había que hacer la guerra, esta era mantenida únicamente por lo que los marxistas llaman el aparato estatal, es decir, la mayoría parlamentaria, el gobierno, sus funcionarios y los comités directivos de los partidos políticos representados en el seno del gobierno. ¿Cómo reaccionaría este ante tal estado de cosas?

Daladier

Al frente del gobierno se hallaba Eduardo Daladier, acaso el hombre más representativo de Francia en estos días y el que más identificado se hallaba con el sentir y el pensar del francés medio, del cual era exponente perfecto como quizás no hubiese otro más genuino en los equipos gubernamentales de que la nación podía disponer. Y conste que expresamos esta opinión pensando tanto en los vicios y defectos nacionales del momento como en las virtudes. Daladier es honesto, enérgico y honda y sinceramente demócrata, sin beatería democrática, sin esa servidumbre a las clientelas partidistas que convierte a los gobernantes demócratas en meros instrumentos de los comités. Es un hombre que tiene una fuerza personal indiscutible, una fuerza natural, salida directamente del terruño francés. Esa fuerza personal de Daladier que en otras circunstancias hubiese podido salvar a Francia ha sido impotente, sin embargo. Hasta sus enemigos reconocen su energía y aunque las gentes de derecha no hayan sabido perdonarle nunca el uso que hizo de ella en la noche del 6 de febrero de 1934 y le hayan seguido llamando rencorosamente *le fusilier,* han tenido que acreditar en él un vigor y una capacidad de mando superiores a los de la generalidad de los gobernantes de la República. En el fracaso incuestionable de Daladier a pesar de las virtudes de gobernante que en él había, los enemigos de la democracia han querido ver a todo trance el fracaso, no del hombre, sino del sistema. «Es el régimen democrático —claman— el que destruye a los hombres más enérgicos y les convierte en trágicas marionetas de la farsa parlamentaria». Pero no es verdad. Daladier no ha sido nunca juguete ni del Parlamento ni de las asambleas de su partido. Dentro del sistema democrático su fuerza y su autoridad habían podido consolidarse y ser eficaces incluso cuando actuaban contra la corriente de los prejuicios democráticos. ¿No había sido Daladier mismo quien en plena campaña antifascista había ultimado el Pacto de los Cuatro? Daladier hubiese podido gobernar con mano de hierro en pleno régimen democrático porque sabía, cuando llegaba la ocasión, imponerse a la masa sin traicionarla. La democracia no incapacita ni mucho menos al hombre enérgico, sino que redobla su fuerza y su autoridad. ¿No eran los demócratas franceses mismos los que habían creado en torno a Daladier la leyenda del *toro de Vauclusel*?

En un régimen democrático auténtico Daladier no hubiese fracasado. Eran precisamente los enemigos de la democracia, aquellos que se habían negado a consentir su continuidad, quienes esterilizaban su talento y rendían impotente su fuerza. Al juzgar ahora a Daladier, se repite el sofisma mil veces repetido de cargar a la cuenta de la democracia los crímenes que cometen sus enemigos. Daladier fracasaba y llevaba a Francia a la catástrofe no porque fuese demócrata ni porque el régimen democrático condujese fatalmente a la derrota, sino porque, en Francia, actuaban criminalmente y con impunidad unas fuerzas antidemocráticas que estaban resueltas a hundir el país con tal de que se hundiese el régimen. El único pecado de la democracia ha sido no aniquilar esas fuerzas de destrucción antes de que provocasen la rebelión de las masas estimulando sus más bajos instintos. Contra ese movimiento general de regresión que Georges Bernanos llama «la rebelión de los imbéciles», la democracia, es cierto, no ha sabido defender y proteger al pueblo, al *demos* auténtico que no está formado ni mucho menos por esas falanges mesocráticas, híbridas y estériles como mulas, que, para adueñarse del poder y conservarlo, han tenido que caer en la barbarie del totalitarismo.

El gobierno Daladier representaba la solución transaccional, la fórmula típicamente liberal y democrática. No hay que olvidar que la mayoría parlamentaria que le sostenía había salido de las elecciones de 1936 que dieron el triunfo al Frente Popular. Después del fracaso de la *experiencia Blum,* a todo lo largo de la cual Daladier había conservado la cartera de Guerra, el gobierno Daladier, con sus sucesivas modificaciones, no había hecho sino evolucionar a compás con la evolución de la opinión pública, incorporar en lo posible a la gobernación del país a las fuerzas que, eliminadas primero por el triunfo del Frente Popular, tuvieron que ser tenidas en cuenta al producirse el fracaso de este. Fueron los comunistas quienes con el formidable fracaso de la huelga general que insensatamente decretaron en noviembre de 1938 plebiscitaron la tendencia transaccional del gobierno Daladier. El fracaso de aquella huelga general valía por unas elecciones y autorizaba al gobierno a seguir un nuevo rumbo en el que por otra parte le asistía la mayoría parlamentaria.

En política interior no había cambio sensible aparte la acentuación de lo que Léon Blum había llamado *la pausa* con ingenuo eufemismo. En política exterior el gobierno Daladier no hacía sino reconocer y aceptar un estado evidente de la opinión pública que no podía seguir ignorando. La voluntad de inteligencia con las potencias totalitarias e incluso el espíritu de capitulación ante ellas que incuestionablemente existían en Francia. Era la época en que las derechas furiosas denunciaban como belicistas a los hombres —de derechas o izquierdas— que intentaban seguir siendo fieles a la política exterior francesa proseguida desde hacía veinte años. El tiempo en que se acusaba de provocadores y agentes de Moscú a los funcionarios del Quai d'Orsay que representaban la continuidad del designio exterior francés y se obstinaban en mantener el sistema de alianzas y garantías en que estaba basada la teoría de la seguridad colectiva. La tendencia de los *capitulards*, que fue la que en definitiva llevó a Múnich, estaba representada en el gobierno, y su hombre, más o menos idóneo, era el señor Bonnet, quien, si bien no inspiraba ninguna confianza al clan totalitario pactaba con él y lo servía hasta el extremo de concitar el furor no ya de los hombres del frente popular, sino de cuántos hombres conservaban en Francia el sentido de la dignidad nacional. Paul Reynaud y Georges Mandel, en cambio, representaban en el gobierno la fidelidad de Francia a sí misma y a sus compromisos, la garantía de supervivencia del régimen democrático aun aceptando que las circunstancias pudieran exigir en un momento determinado el depositar en manos de estos hombres unos poderes transitoriamente dictatoriales. Reynaud era para las clases conservadoras francesas la garantía del conservatismo británico; Mandel era la reencarnación del espíritu de Clemenceau por el que los franceses sentían un explicable fetichismo.

Este gobierno, de naturaleza democrática, al hacer frente a la guerra habría podido desenvolverse y llevarla adelante con posibilidades de triunfo si no se hubiese visto sitiado por las fuerzas antidemocráticas que ejercían sobre él una presión insoportable y si, por otra parte, no hubiese estado mal servido por sus propios agentes.

Los comunistas al servicio del enemigo

Los agentes del gobierno, ganados en su mayoría por la propaganda que se hacía contra el régimen, actuaban, no al servicio exclusivo de este, sino guiados por sus preferencias ideológicas. Así, pues, la eliminación del comunismo del conjunto de fuerzas de la nación que habían de ser movilizadas para hacer y ganar la guerra —operación inexcusable después del pacto Hitler-Stalin, que era lo que verdaderamente la había desencadenado— se convertía al ser puesta en práctica por los agentes del gobierno en una estúpida campaña de represión basada en el error monstruoso de considerar por principio como traidores a la patria a los millones de franceses que durante la etapa del Frente Popular y cuando el comunismo se desgañitaba cantando la Marsellesa, izaba la bandera tricolor y tendía la mano a los católicos, habían tenido la debilidad de aceptar la disciplina de Moscú. Contra este pecado no había remisión posible. La represión se ejercía tan implacablemente como si al término de una guerra civil el bando triunfante se dedicase sistemáticamente a la exterminación del vencido. Haber sido simpatizante del comunismo o sencillamente partidario del Frente Popular se convertía en una patente de traición a la patria.

No era ya que se eliminase a los comunistas de toda intervención en los asuntos públicos y que se les prohibiese toda actuación política. Era que físicamente la vida se les hacía imposible. Era que se les expulsaba del taller donde trabajaban, se les llevaba al ejército con una marca infamante y se les sometía a inútiles y constantes vejaciones policíacas. Es decir, que había una enorme masa de franceses que se veían empujados a la clandestinidad, puestos fuera de la ley por un apasionamiento cerril, por la ruin satisfacción del espíritu de venganza que animaba a unos fautores de guerra civil, que, al socaire de la guerra, querían gozar de la victoria interior que no habían sabido obtener con sus abortadas rebeliones.

He estado en contacto estrecho con muchos de esos comunistas de 1936, les he visto reaccionar luego contra la táctica de Moscú y en 1939 he podido medir exactamente su honda repulsión por lo que ellos llamaban «la traición estaliniana», que para quienes no hemos sido nunca comunistas no es tal traición. Identificar a estos millones de hombres —porque en 29 de junio de 1938 en Francia eran millones— con los agentes de Stalin, con los servidores a sueldo del Komintern, ha sido un funesto error político que Francia ha pagado caro. Porque la verdad es que, al empujar a grandes núcleos a la clandestinidad, los reaccionarios franceses favorecían el designio de los dirigentes comunistas, que es precisamente en la clandestinidad donde saben actuar con mayor eficacia.

Con la clandestinidad toda la organización comunista de Francia pasaba a convertirse real y verdaderamente en un instrumento de gobierno puesto al servicio del enemigo. Si *L'Humanité* hubiera seguido publicándose como el *Daily Worker* no habría podido convertirse en el órgano de la coalición nazi-soviética. Si los comunistas hubieran tenido ocasión de explicarse ante la opinión y de contrastar sus juicios en un régimen verdaderamente democrático no habrían caído seguramente, como cayeron, en la servidumbre al enemigo que, aprovechándose de la ceguera de Francia, hizo de ellos su quinta columna.

Las ediciones en multicopista de *L'Humanité* y las proclamas comunistas no eran, en fin de cuentas, sino la propaganda del doctor Goebbels que entraba en Francia por la vía de Moscú. En la clandestinidad, el partido comunista era el aliado más eficaz del enemigo. A plena luz, controlado por el gobierno siempre hubiese habido modo de rendirlo inocuo.

Se daba el caso de que mientras la policía daba palos de ciego a esa masa enorme de franceses a los que se consideraba unánimemente y en bloque como traidores a la patria, la única policía verdadera que actuaba eficazmente en toda Francia contra los agentes de la traición eran los mismos comunistas, que a pesar de verse perseguidos por el Estado salían al paso de la actuación criminal de sus camaradas convertidos en ciegos servidores de Hitler y Stalin. He conocido varios casos ejemplares. Uno de ellos era el de un comunista que no se sentía capaz de denunciar los manejos de sus antiguos camaradas a la policía del Estado burgués y tenía que contentarse con imponerles la sanción de sus puños sosteniendo con ellos frecuentes reyertas cuya verdadera causa permanecía siempre ignorada para los agentes de la autoridad que intervenían luego. Otro, que también había roto con la obediencia a Moscú en el momento en que Moscú selló su alianza con Berlín, llevaba tatuada en el pecho la hoz y el martillo y hallándose movilizado como soldado utilizaba aquella prueba indeleble de adhesión al comunismo para provocar las confidencias de los agentes de la traición en el seno del regimiento, descubrir sus manejos y sabotearlos por sí mismo.

Este hombre tenía elementos de juicio sobrados para decirme y probarme que la propaganda comunista que se hacía en el ejército francés estaba dirigida desde Berlín casi al día y se hallaba convencido de que cada una de las reacciones que se producían en la tropa en cualquier momento obedecían a una consigna transmitida por el enemigo con una rapidez impresionante.

La lucha sorda que se ha desarrollado en el seno del partido comunista francés sin que ni el Estado ni su policía hayan sido capaces de advertirla, dirigirla, ayudarla y utilizarla al servicio de sus intereses, ha sido uno de los fenómenos sociales más dramáticos de esta guerra. Algún día tendremos testimonios auténticos y completos de cómo se ha desarrollado.

De esta falta enorme que en Francia se ha cometido han sido responsables únicamente los enemigos de la democracia al impedir con su ciega pasión sectaria que el Estado resolviese liberalmente el problema de masas creado por la colusión del nazismo con el comunismo. Pero, como siempre, se hará responsable de ello a una democracia cuyo único pecado ha consistido en no ser tal democracia.

En el comunismo francés se repite el mismo fenómeno que en otros sectores de la vida francesa en los últimos tiempos. Las minorías dirigentes estaban por debajo de la tónica general de las masas a pesar de que estas no se movían en realidad más que por bajas y confusas apetencias. La masa, aun en estas condiciones espirituales lamentables, tiene cierta grandeza aun en su brutalidad, cierta lealtad a sus instintos que a los dirigentes les ha faltado por completo. Mientras los militantes comunistas se batían entre ellos, los dirigentes después del manifiesto «la paz a cualquier precio» huían a echarse en brazos del enemigo o se perdían en vagas y lamentables retractaciones cuando no intentaban escudarse en la investidura parlamentaria burlando a la policía con grotescas piruetas. Ni siquiera en la traición han sabido tener grandeza.

El Parlamento cumplió estrictamente sus deberes frente al caso de los comunistas que no habían querido romper la obediencia a Moscú. No fue, además, el Parlamento sino el gobierno en uso de los poderes excepcionales de que disponía el que, desposeyendo a los diputados comunistas de su investidura, procedió judicialmente contra ellos a reserva, naturalmente, de responder de este acto de gobierno ante el Parlamento en su día. La propaganda comunista y —lo que es más curioso— las fuerzas antidemocráticas de la derecha hicieron una furiosa campaña contra este acto de gobierno que condenaron como un atentado a la soberanía del Parlamento y a la Constitución de la República, erigiéndose en vestales de la democracia. Presenciando el escándalo mundial que promovieron los incendiarios del Reichstag y los instigadores de los procesos de Moscú con el pretexto de la *déchéance* de los diputados comunistas franceses se tenía esa sensación de asco y vergüenza que produce siempre el espectáculo del cinismo colectivo. Los diputados comunistas, privados de su investidura y enviados a los lugares de confinamiento, debían de pensar, sin embargo, que todavía los tribunales militares de una república democrática y burguesa representaban un grado de civilización y humanidad que difícilmente adquirirían los jueces proletarios de Moscú o los cabos de vara del nazismo y en el fondo de su conciencia debían de felicitarse de que París no fuese todavía un feudo de Moscú o Berlín, que para el caso es lo mismo.

La actuación del gobierno en los primeros seis meses de la guerra está presidida por este anhelo ferviente de conseguir la eficacia necesaria en la dirección de la lucha con el mínimo estrago. Se quiere ante todo economizar la sangre francesa y conservar al pueblo todas las libertades compatibles con la seguridad del Estado. Los excesos y errores en la represión comunista no son imputables al gobierno mismo, sino a la marea creciente del totalitarismo francés, a esa rebelión de los imbéciles que a favor de la guerra iba adueñándose de los reductos —mal defendidos, es cierto— de la democracia. El día en que todos cayeron Francia había de hundirse definitivamente.

Puntos vulnerables

Una de las herramientas de gobierno que se hallaban desde el primer día intervenidas por esos servidores infieles de la democracia y que la traicionaban en beneficio de sus preferencias ideológicas era el servicio de información y propaganda. Durante muchos meses fue este servicio uno de los puntos vulnerables del régimen. Jamás se consiguió unificarlo, ni darle eficiencia, ni infundirle el espíritu que hubiera necesitado para conquistar a las muchedumbres, que es, en fin de cuentas, su misión.

Al frente de toda la organización había sido colocado un literato excelso, el señor Giraudoux, quien con motivo de la guerra hacía unas brillantes oposiciones a la Academia Francesa exponiendo semanalmente los partes de guerra de la democracia francesa en una prosa tersa, de antología, que hacía las delicias de sus admiradores y le acreditaban como uno de los escritores más finos e inteligentes de Francia, pero que no tenía ningún mordiente, que no llegaba ni hería ni tenía capacidad alguna de perforación y expansión. Tras él, un grave senado de profesores del Colegio de Francia vestidos muchos de ellos de coroneles y todos unánimes en el menosprecio de la política y de los políticos a quienes solo por patriotismo, por puro patriotismo, se avenían a servir. Este grave senado había proscrito ante todo los excesos democráticos. La democracia era tolerable tratada en la prosa aséptica de Giraudoux; pero no era cosa que debiera prodigarse a troche y moche y andar enredándose en todas las plumas. Las consignas eran severas. Para España, por ejemplo, como estos ingenuos profesores se hacían la ilusión de conquistar al general Franco con sus buenas maneras conservadoras, estaba absolutamente prohibido mencionar la palabra *democracia* en las emisiones de radio en lengua castellana. Se daba el caso pintoresco de que yo, personalmente yo, tenía que ejercer la censura sobre la prosa excelsa de Giraudoux, que al ser traducida al castellano sufría una trepanación en la que perdía invariablemente toda su sustancia democrática. Las hondas y alquitaradas razones democráticas que tenía Francia para hacer la guerra eran solo razones nacionales y reaccionarias cuando las ondas las llevaban a la España de Franco. Esta democracia que ni siquiera se atrevía a decir su nombre no podía tener fuerza bastante para arrastrar en favor suyo a las grandes corrientes de la opinión mundial. Había luego en el seno de la organización de propaganda francesa el estira y afloja de las diferentes camarillas y los distintos departamentos ministeriales de los que dependía. El Quai d'Orsay no consintió nunca en dejar la radio para el extranjero en manos de la Comisaría o Ministerio de Información, que tenía que dedicarse casi exclusivamente a convencer a los propios franceses de la razón que los asistía para hacer la guerra. En cambio, el ministro del Interior, señor Sarraut, tenía, no sé por qué, una influencia decisiva en las emisiones de onda corta para los países remotos. La propaganda francesa, dependiente a la vez del Quai d'Orsay, de los ministerios del Interior y Transmisiones y en último lugar de la Comisaría de Información, enredada en la maraña burocrática y neutralizada por los clanes rivales de la Administración, era, en definitiva, una herramienta inútil, un instrumento que no servía sino para dar una sensación pobre y lamentable de Francia, para hacer ampulosas necrológicas de los personajes que tenían el gusto de fallecer sin esperar el desenlace, para hablarles a los sudamericanos del *esprit* de París y el *chic* de sus modistos y para enumerarles a los españoles las casullas y los copones que el mariscal Pétain regalaba a las iglesias de España devastadas por los rojos.

Por absurdo que parezca, este problema de la propaganda fue uno de los que el Estado francés no encontró manera de resolver. Fue incluso uno de los problemas que contribuyeron a la caída de Daladier.

Durante la guerra de Finlandia se había hecho una propaganda absurda que, arrancando de la voluntad firme de los reaccionarios franceses de no combatir ideológicamente al hitlerismo, había buscado la fácil derivación del anticomunismo. La cosa fue tan lejos que llegó un momento en el que no parecía sino que Francia había dejado de estar en guerra con Alemania y era contra la URSS contra quien únicamente se batía. El enemigo número uno, Hitler, había sido hábilmente escamoteado mientras se ofrecía a las masas para que desfogasen su indignación patriótica en el blanco remoto, inasequible, del enemigo número dos, Stalin.

Aquel extravío de la propaganda tuvo que ser rectificado al liquidarse la campaña finlandesa. La opinión y el Parlamento reclamaron enérgicamente una política de propaganda definida y un ministro responsable. Daladier no supo determinar la una ni encontrar al otro. Prometió al Parlamento resolver el problema, pero cuando se presentó a la Cámara para responder de su actuación en la guerra de Finlandia aún llevaba en los brazos estorbándole este problema de la propaganda para el que no había sabido encontrar solución.

La caída de Daladier

La caída de Daladier, como consecuencia del desenlace de la guerra de Finlandia, causó ante todo una gran sorpresa en la opinión pública porque no se sabía exactamente hasta qué punto el gobierno estaba batido interiormente por los mismos que desempeñando el papel de colaborar con él por estímulos patrióticos iban minando sus cimientos democráticos, cavándole la tierra bajo los pies. Daladier había ido muriendo lentamente por asfixia, porque la atmósfera se le había ido haciendo irrespirable.

En la sesión secreta celebrada por la Cámara para discutir la conducción de la guerra después de la paz finlandesa, Daladier se desplomó de improviso como un luchador de *jiu-jitsu* al que una presa imperceptible está estrangulando sin que los espectadores lo adviertan.

Cuentan quienes le vieron aquel día en la tribuna de la Cámara, pálido, ausente, ajeno en absoluto a los requerimientos como a las invectivas, que daba la sensación de un hombre que, después de haber agotado sus fuerzas en una lucha desesperada, convencido al fin de su impotencia, se deja caer como un peso muerto, indiferente, insensible, incapaz de una reacción, de un reflejo. Esa lucha oculta que había acabado con Daladier, el hombre más representativo de Francia en nuestros días, no había sido la lucha con el enemigo exterior, sino la lucha interna, el cerco puesto al Estado republicano por los enemigos de dentro, por quienes se hacían la ilusión engañosa de que una transformación revolucionaria del régimen en el sentido totalitario era la única salvación de Francia. Daladier, a pesar de todas sus transacciones y claudicaciones, a pesar de haber estado presidiendo aquella mansa invasión del régimen por sus enemigos más encarnizados, era el único hombre que todavía representaba auténticamente y con un cierto vigor a la Francia republicana, liberal y demócrata. Acosado por todas partes, combatido por los hombres de izquierda que no acertaban a ver en sus concesiones a la derecha totalitaria el anhelo de evitar lo inevitable, de retrasar la catástrofe y de salvar lo que humanamente se pudiera, Daladier sucumbía al fin. El ataque parlamentario que le derribaba y en el que el mismo Léon Blum había conducido imprudentemente la ofensiva, no había tenido, sin embargo, violencia bastante para justificar aquel derrumbamiento impresionante. Era la íntima convicción que tenía de que la resistencia se había hecho imposible lo que hacía a Daladier levantar las manos dejando caer estrepitosamente en medio del hemiciclo todo cuanto con generoso anhelo había ido acumulando en sus brazos para personalmente defenderlo, la Presidencia del Consejo, la cartera de Negocios Extranjeros, la de la Defensa Nacional y hasta el comisariado de la Información.

Hasta allí había llegado y de allí no pasaba. El *toro de Vaucluse*, noble y acometedor, colérico y leal en la embestida, había sido corrido y lidiado cruelmente y llegaba al momento supremo del combate, agotado, impotente para el ataque y ni siquiera capaz de mantenerse a la defensiva. Ante un público de plaza de toros española estaría condenado inexorablemente. Esperemos que el juicio de la conciencia universal le sea más benévolo.

En Daladier, no obstante su vigor innegable, había una falla del carácter que había de ser fatal a Francia; su falta de tenacidad, de resistencia, de continuidad en el esfuerzo, sus descorazonamientos súbitos, sus veleidades, sus depresiones y sus cóleras que en ocasiones le hacían parecer un hombre ebrio, ebrio a veces de desesperación, de coraje, ebrio de razón y de orgullo de su razón, ebrio tal vez también de alcohol. Era, sin embargo, un hombre vigoroso, con un vigor popular salido de la entraña misma de Francia, con una honradez, una inteligencia y una humanidad que hubiesen bastado para gobernar el Estado con acierto y llevarlo a la victoria si Francia no hubiese sentido el impulso suicida de renegar de sí misma, de confundirse con el enemigo y de hundirse en la abyección totalitaria.

El juego de Reynaud

Daladier no había perdido nunca el contacto con la realidad. Se había hundido pataleando desesperadamente en el légamo de Francia, absorbido por el fondo movedizo e inconsistente de la realidad francesa de nuestro tiempo. Ese tarro de humanidad que se lo tragaba era la verdad de Francia.

La Francia de Paul Reynaud, en cambio, era ya una pura abstracción.

Hay que comprender exactamente el sentido de la caída de Daladier, independientemente de la anécdota personal, porque a partir del momento en que Daladier se hundía, Francia se consideraba íntimamente perdida.

Daladier, pegado a la tierra, lleno de barro y braceando con la realidad de su país que conocía mejor que nadie, llega a la conclusión de que la lucha es inútil. Francia no quiere hacer la guerra. Daladier, cuyo gran pecado como estadista quizás haya sido el de no apartarse un milímetro de la verdad estricta, de su pueblo, no podía engañarse. Estaba identificado con el pueblo, era carne de su carne, salido de su entraña, había vivido íntimamente con él en las trincheras de la Gran Guerra y había estado siempre atento a sus reacciones tanto en su calidad de profesor de historia como por su condición de político demócrata curtido en el forcejeo electoral, en la lucha de encrucijadas de la política rural y en la estrategia de las asambleas del partido radical. Estaba además al frente del Ministerio de la Guerra desde hacía muchos años y no podía equivocarse al medir la eficacia del instrumento que manejaba. Cuando Daladier después de la caída de Finlandia abandona el timón, el buque estaba perdido; hacía agua por todas partes.

Paul Reynaud, con una visión más amplia, más universal que la visión puramente francesa de Daladier, con un horizonte más vasto que el que este era capaz de descubrir, emprende entonces una operación de salvamento audaz. Suelta el lastre de la tierra francesa, larga las amarras de la realidad y operando con abstracción, con cifras, con puros signos, intenta resolver el problema de Francia por medio del álgebra de la política internacional. Su clave de logaritmos son el Imperio francés, el Imperio británico y en última instancia todo el mundo anglosajón al que desde luego se dirige. Este es el sentido de la conclusión de sus pactos que ligan a vida o muerte a los dos imperios.

Cuando Daladier habla de la fuerza francesa piensa concretamente en tal regimiento determinado, en el coronel que lo manda al cual conoce personalmente, en las bocas de fuego de que dispone, en la filiación política de sus oficiales y en la voluntad de sacrificio que puede animar a cada uno de los soldados a quienes conoce mejor que nadie. Y, naturalmente, no se hace ilusiones.

Cuando Reynaud dice «cuarenta divisiones», lo que hace es poner en circulación un valor entendido, operar sobre el supuesto común, previo e inevitable, que hace posible toda partida de ajedrez. Las piezas tienen un valor convencional, es cierto, pero al final de la partida el que pierde paga en buena moneda. Paul Reynaud pasaba revista a las piezas con que contaba y emprendía la partida segura de ganarla, porque el enemigo, aunque conociese el valor convencional de las piezas que Reynaud movía, tenía que aceptar el juego y de hecho lo aceptaba, ya que no menos convencional era el valor de sus propias piezas.

Lo terrible es que no ha sido el enemigo, sino la misma Francia la que se ha negado a jugar el juego en que, aun hallándose virtualmente perdida, podía ganarlo todo y ha derribado el tablero y proclamado estúpidamente que sus peones, sus alfiles y sus torres no tenían valor alguno, eran un puro convencionalismo mientras por otro lado aceptaba ingenuamente como bueno el valor también convencional que el enemigo atribuía a sus propias piezas. Esta ha sido la traición de Francia, mejor dicho, de los núcleos franceses que sugestionados por el adversario han traicionado a su propio país.

«¡Antes la esclavitud que la guerra!»

Toda la tragedia de Francia radica en esto. No tenía fe en sí misma, ni en su régimen, ni en sus hombres. La tenía en Alemania, en el nazismo, en Hitler. Por eso se ha entregado sin lucha.

En la operación que intentaba Paul Reynaud —la única que ya podía salvar a Francia—, estaba descontado el convencionalismo tremendo que representaba ese ejército de cuatro millones de hombres que no estaban dispuestos a pelear. Se aceptaba que ese ejército estuviese condenado a desempeñar un papel pasivo, a permanecer en la inacción y solo era necesario que contuviese o rehuyese las embestidas del enemigo perdiendo terreno si era necesario, batiéndose en retirada cuando fuese preciso, pero sin derrumbarse, sin desertar, sin arrastrar al Estado y al país a una catástrofe irreparable que podía ser evitada porque Francia no estaba sola en el mundo. «Nos defenderemos en el Sena, en el Loira o en el Garona y si fuese necesario seguiríamos defendiéndonos en África, pero la guerra no se perderá», decían quienes estando convencidos de que el ejército francés no podría derrotar de frente al alemán no se hallaban dispuestos a entregarse. Después del fracaso de la operación de Bélgica, el ministro del Interior, señor Georges Mandel, reiteraba su confianza en una frase paradójica, una *boutade* que explicaba todo el sentido de la operación Reynaud: «Iremos —decía— de catástrofe en catástrofe hasta la victoria final».

¿Por qué se aceptaba ese principio catastrófico? ¿Por qué se tenía la convicción de que el ejército francés no estaba dispuesto a luchar? ¿Por qué ese ejército, que por su preparación profesional, su organización y sus medios de combate debía ser el primero de Europa, aceptaba de antemano la derrota y la humillación?

En esto, aparte la propaganda del enemigo, aparte el efecto desastroso que en la moral militar francesa hubiera podido producir la guerra podrida que durante nueve meses había estado haciendo el hitlerismo eficazmente ayudado por los comunistas, actuaban otras causas, netamente francesas estas, que pesaban decisivamente en el ánimo de los franceses aun de los que tenían más arraigadas convicciones patrióticas. La triste reflexión que se hacían era la siguiente:

«Contener y derrotar al enemigo le cuesta a Francia por lo menos un millón de hombres. Si para obtener la victoria tiene que sacrificar ese millón de hombres, la catástrofe para nuestro pueblo es tan grande ganando como si hubiese perdido. Francia, diezmada por la guerra, con una población cada vez más reducida por la falta de natalidad y en la necesidad de asimilar constantemente núcleos extranjeros y coloniales, tiene ante todo que economizar la sangre francesa gota a gota. Esa sangría de un millón de hombres que la victoria exigiría puede ser más funesta para el porvenir de la raza y de la nación que la invasión extranjera, la dominación y la esclavitud. ¡Antes la esclavitud que la guerra!».

Así se forjaba en el ánimo de los franceses que se creían sincera y lealmente patriotas el derrotismo que vanamente intentaban perseguir por los cafés los agentes de policía, derrotismo que se había instalado en los centros vitales del país y presidía las deliberaciones del Estado Mayor y los consejos de ministros.

Gamelin

Toda la táctica del gobierno y del Estado Mayor en la conducción de la guerra estaba dominada por esta obsesión. El general Gamelin sabía que su misión verdadera era mantener los frentes en un simulacro de guerra en la que prác-

ticamente no se podía derramar una gota de sangre francesa. Cuando los alemanes se lanzan al ataque, perforan el frente
en el extremo de la línea Maginot y avanzan por el agujero
de Sedán sin encontrar resistencia, hay un momento en
que el generalísimo ve que ha llegado la hora fatal de la lucha y en su orden del día a los ejércitos da la consigna
inexorable de que todo hombre tiene que hacerse matar en
su puesto. Este orden del día del general Gamelin fue inmediatamente suprimido por la censura. Y el general Gamelin, generalísimo de un ejército cuya misión fundamental era la de no combatir, era relevado automáticamente en
el momento en que el combate se hacía inevitable.

Su única victoria posible hubiera sido la de no entablar la
lucha. Si luchaba estaba perdido. Esto lo sabía él y lo sabía
el gobierno, aunque quizás nunca se lo hubiesen formula-
do concretamente.

En el fracaso del general Gamelin la opinión querría seguramente saber con cierta precisión la importancia que
han tenido o dejado de tener las cualidades personales del
generalísimo, su competencia, sus dotes de mando. Creo
que la historia tendrá que atenerse para juzgarle como militar a su hoja de servicios anteriores a esta campaña en la
que su intervención personal ha sido nula. Desde el momento que aceptó el mando supremo de un ejército que ni
estaba dispuesto a combatir ni se quería que combatiese, se
resignaba a desempeñar un papel borroso y equívoco con
el que pasará fugazmente por la historia.

Sus talentos de estratega, si efectivamente los tiene, no
han contado ni podían contar. Ha sido únicamente el falso
caudillo de una falsa guerra, el hombre sin cara que ocupa-
ba físicamente un puesto que tenía que estar ocupado por

alguien. Todos sus actos y sus palabras han revelado un automatismo inhumano, frío, burocrático, puramente aparencial. Se le ve pasar por la tragedia de Francia como una sombra difuminada que lleva y trae los cartapacios del Estado Mayor y baraja concienzudamente en el papel unas cifras. De él no conocemos más que su correcta asiduidad y ese grito de desesperación rápidamente estrangulado que lanza en el vacío: «¡Que cada hombre se haga matar en su puesto!».

Los hombres no le hacen ningún caso, abandonan ordenada y sistemáticamente sus puestos y Gamelin, cumplida su misión, se retira de puntillas por el foro.

La esfinge del Estado Mayor

Más interesante, y seguramente más reveladora, es la actuación, misteriosa todavía, del Estado Mayor francés en el que había hombres de mucha más fuerte personalidad que Gamelin, consciente y deliberadamente ocultos tras el hermetismo sistemático de «la gran muerte».

Esas esfinges del ejército son las que guardan el secreto de la mecánica militar del derrumbamiento. Los escalones en que Francia va rebotando hasta caer en el abismo, son esos generales silenciosos, impenetrables, esos correctos servidores del Estado, profesionalmente irreprochables, que cumplen estrictamente su deber dentro de una rigurosa disciplina militar, pero están animados por la íntima y secreta convicción de la derrota que tienen descartada la victoria desde el primer día cuando toda Francia la creía aún posible.

Odiando a Alemania con un odio profundo, instintivo, de casta y de raza, han sido, sin embargo, ganados por el sistema, se han dejado subyugar por el nazismo en el que encuentran plenamente realizada una aspiración hondamente francesa, nacida en el alma de Francia por razones históricas antes que en ningún otro pueblo de Europa: el nacionalismo integral, el nazismo. Los generales franceses eran nazis, tan nazis o más que los generales de Hitler. Eran antes nazis que franceses. La obsesión ideológica era en ellos más fuerte que el sentimiento de la patria.

El patriota liberal, el demócrata, que ha cometido el error funesto de renunciar a la guerra ideológica, que ha querido ser antes francés que demócrata, descubría en el último instante que había sido víctima de su generosidad, de su patriotismo mal entendido. Mientras él renunciaba en aras de la patria a la guerra ideológica, los otros se dejaban arrastrar por ella y permitían cruzados de brazos que la patria se hundiese esperando secretamente que de este hundimiento surgiese el triunfo de su ideología. El patriota liberal gritaba entonces: «¡Traición!», clamaba que el glorioso vencedor de Verdún estaba vendido a los alemanes y hubiera querido fusilar en el acto a todos los generales pronazis.

Esta traición no es, sin embargo, de las que puedan ser sometidas a las cortes marciales y juzgadas en juicio sumarísimo. Paul Reynaud, al ver que el ejército se le desmoronaba pudo caer sobre una docena de generales que a última hora fueron destituidos y *limogés* según la característica expresión francesa. Pero esos generales que caían dentro de la acción de la justicia no eran sino la escoria de la traición verdadera, los que habían dado muestras fehacientes de incapacidad o cobardía, los que en el momento crítico abandonaban sus unidades o se negaban al cumplimiento de las órdenes recibidas. Los otros, los que permanecían en sus puestos, los que frente al avance enemigo arrostraban valientemente el riesgo de la partida difícil que habían emprendido, los que organizaban sistemáticamente las retiradas y las evacuaciones, los que escalonadamente cubrían las etapas del proceso de descomposición que tenían previsto, esos no podían ser acusados ni juzgados como traidores.

No he creído nunca que hayan estado en inteligencia con el enemigo. Es decir; no he creído nunca en su traición material. Ni siquiera parece probable que fuesen capaces de practicar el sabotaje y de ejercer una resistencia pasiva organizada. Les bastaba para cumplir su designio con observar una actitud estrictamente disciplinada, con interpretar a la letra las órdenes recibidas y con abstenerse de toda iniciativa personal, de toda aportación espiritual y anímica. La disciplina no basta para hacer las guerras y mucho menos para ganarlas.

Pero es más, quienes en el ejército francés no observaban esta actitud de esfinges, quienes reaccionaban con humana viveza ante este curso fatal de las cosas, eran precisamente los que se hacían sospechosos de deslealtad. Se llegaba a acusar de contaminación hitleriana no a los que se rendían boquiabiertos ante el hitlerismo, sino a quienes denunciaban la eficacia de la táctica enemiga frente la táctica suicida de Francia.

Había en Francia unas valiosas promociones de coroneles y generales jóvenes que no se resignaban, quizás por estímulos de pura probidad profesional, a aceptar que el glorioso ejército al que pertenecían desempeñase el papel pasivo y humillante que estaba desempeñando frente al ejército alemán. Contra la ortodoxa estrategia del Estado Mayor se alzaban indignadas las voces de quienes preveían la catástrofe.

De Gaulle

Ese coro de generales y coroneles jóvenes que no querían sacrificar al juego siniestro que se estaba jugando su propio prestigio personal, que no querían parecer ciegos y sordos, que se negaban a desempeñar el papel de imbéciles que les había correspondido, gritaban a los cuatro vientos que la táctica que se seguía era funesta, que frente al empleo de la *panzerdivision,* la guerra de fortaleza que se pretendía hacer a todo trance era perfectamente estúpida, que el ejército francés podía perfectamente en unos meses salir de su estancamiento.

El hombre representativo de esta tendencia era el general De Gaulle. Sus concepciones estratégicas eran compartidas por una masa considerable de generales, jefes y oficiales que habrían terminado por imponerlas si la guerra hubiese seguido interiormente un curso normal, si no hubiese estado presidida por la trágica convicción de la derrota previa indispensable. Cuando Paul Reynaud lleva a la subsecretaría del Ministerio de la Guerra al general De Gaulle era ya tarde.

Se había esperado a que los alemanes perforasen el frente y lanzasen sus columnas motorizadas como flechas por el interior del país para hacer aquella declaración ingenua de que la estrategia del ejército francés había sido modificada de la noche a la mañana y a partir de aquella hora se iniciara una guerra de movimientos completamente nueva.

No era posible destruir la mentalidad Maginot en un instante. A un pueblo al que se le había estado diciendo desde hacía diez años que se hallaba al abrigo de una barrera infranqueable había que convencerle entre dos comunicados oficiales de que el hecho de que apareciesen en los arrabales de las ciudades del interior unas columnas motorizadas alemanas no tenía ninguna importancia estratégica ni afectaba seriamente al curso de las operaciones.

Weygand

El general Weygand tomó el mando supremo ya con el imperativo de esta guerra de movimiento que a aquellas alturas no era, en realidad, sino el reconocimiento de la impotencia de un ejército que se pliega dócilmente a la iniciativa del adversario triunfante.

Weygand no tuvo tiempo sino de recorrer los frentes, comprobar sector por sector, tanto en Bélgica como en Francia, algo que ya sabía de antemano, que el ejército no estaba dispuesto a batirse y volver a contárselo al gobierno.

En esta actuación personal del general Weygand no hay más que un punto inquietante que habrá de ser dilucidado por la historia. El de su entrevista con el rey de los belgas.

Francia ha pretendido que la culpa directa, inmediata y principal de la catástrofe cayese sobre la cabeza del rey Leopoldo. La resolución de este de entregarse a los alemanes cuando todavía resistían heroicamente las fortalezas de su país ha sido considerada unánimemente como el acto decisivo de la defección, el que daba el triunfo incuestionable a Hitler.

Sería necesario, sin embargo, antes de formular un juicio definitivo, saber cómo se habían desarrollado las entrevistas del rey de los belgas con los representantes de Francia, con Daladier y principalmente con Weygand, qué pudieron decirle, qué garantías darle, qué promesas hacerle o qué esperanzas quitarle. La conducta ulterior de Leopoldo estaba determinada por el plan que Francia, o mejor dicho, el ejército francés, se hubiese trazado. Si Francia no estaba dispuesta a resistir, si la resolución de entregarse era todo lo que podía esperarse de ella, la traición del rey de los belgas no es sino la consecuencia de la traición francesa aunque la haya precedido cronológicamente.

El pensamiento del general Weygand en el momento de su entrevista con el rey Leopoldo y su forma de expresarlo son los que en ese instante crítico pueden haber decidido el curso de los acontecimientos. Hay que inclinarse a pensar que el general Weygand difícilmente podía infundir una confianza y una seguridad que seguramente no tenía.

Cuando se dirige al país el generalísimo se limita a decir con doble y sibilino sentido: «Estamos en el último cuarto de hora». ¿En el último cuarto de hora de qué, de la capacidad de resistencia propia o de la capacidad de ataque del enemigo?

Todo induce a creer que Weygand no ha previsto ni por un momento la posibilidad de intentar la resistencia. Su papel es sencillamente el del liquidador. En los últimos consejos sus conclusiones sobre la situación real del ejército y sus posibilidades estratégicas unidas al pesimismo fundamental del mariscal Pétain, que ya en 1917 cuando no era octogenario era terriblemente pesimista, han debido de precipitar el derrumbamiento quebrantando la voluntad de resistencia que positivamente animaba a Reynaud.

Esta guerra ha sido efectivamente una guerra *drôle* en la que los militares han sido curiosamente pacifistas y derrotistas sistemáticos.

Pétain

La arriesgada operación que Paul Reynaud intentaba para salvar a Francia haciendo para ello abstracción de las impurezas de la realidad, tomando a los hombres como puros símbolos y a las masas como cifras, caminaba rápidamente al fracaso porque el país estaba podrido hasta el hueso, los hombres no tenían grandeza ni prestigio y las masas eran como rebaños trashumantes, las fuerzas movedizas que ni siquiera en el papel y teóricamente podían ser esgrimidas. En Francia no se podía decir que había tantos comunistas ni cuantos fascistas, ni que los republicanos y los monárquicos eran tales y cuales, lo mismo podía haber cinco millones de soldados que no haber ninguno, igual podía decirse que Francia era esto o lo otro, una cosa y todo lo contrario. Pocas veces un pueblo ha llegado a tener una inconsciencia tan grande; pocas veces la pulverización de un país ha sido tan evidente.

En cuanto a los hombres representativos que Paul Reynaud quería tomar como símbolos esgrimiéndolos como arma de lucha, revelaron pronto que ni para eso servía su grandeza pasada y su prestigio. El caso del mariscal Pétain es significativo.

El vencedor de Verdún, cargado de años y de gloria, podía haber sido al lado del gobierno, por lo menos, lo que eran los ancianos venerables en las tribus primitivas, el poder moderador entre las *fratrias* rivales.

Toda la gloria de Pétain no ha servido para provocar un minuto de apaciguamiento. Pétain mismo no ha sabido ser sino un *partisan*, un leño más arrojado al fuego, un tronco añoso con que incrementar la hoguera de la discordia interior en la que Francia se consumía.

El gobierno, al llamarlo a sus comicios, lo que hacía con ello era avivar la lucha interior, precipitar la consunción de Francia.

Como esta equivocación fundamental de Pétain, el gobierno Reynaud ha cometido otras menores en cuanto al volumen de las figuras en cuestión, pero no menos fuertes. El señor Baudoin, surgiendo del fondo discreto en que se mueven las fuerzas auténticas del capitalismo para ser colocado por Paul Reynaud inmediatamente a su lado con el designio de que su presencia y su control infundiesen confianza a las fuerzas conservadoras cuya deserción era la ruina de Francia, no ha servido, en realidad, sino para que la traición del capitalismo a la nación y al Estado se precipitasen, para que los rentistas prohitlerianos de Francia diesen el golpe de gracia desde los consejos de ministros al régimen democrático que, por patriotismo, les llamaba en su ayuda para salvar la nación.

Sembradores de pánico

El desenlace de la tragedia planteada en estos términos fue fulminante. Después de diez meses de simulacro de guerra, de guerra podrida, como se la ha llamado, Francia estaba tan deshecha que se derrumbaba con un soplo como un castillo de naipes.

Aún antes de que el peligro se presentase real y verdaderamente, París daba la voz de «sálvese el que pueda». No había hecho Alemania más que iniciar el ataque cuando el aparato burocrático del Estado iniciaba la desbandada. Al primer día de la ofensiva alemana contra Francia, el mismo Quai d'Orsay, a la cabeza de los sembradores de pánico, hacía la indicación confidencial a las representaciones diplomáticas acreditadas en París de que debían estar dispuestas a partir y les recomendaba que destruyesen los archivos que les fuese imposible transportar. El Quai d'Orsay mismo procedía a quemar los suyos. Análogo movimiento de terror se producía en el Ministerio de Información, desde donde se difundieron las primeras informaciones de una derrota que todavía no se había producido y que horas después eran rectificadas. Era el Estado mismo, por medio de sus funcionarios, el que creaba la atmósfera de la catástrofe.

Lo verdaderamente extraordinario era la serenidad, la calma o la indiferencia —no sé— de las gentes sencillas de París al nerviosismo y el desbarajuste de los centros oficiales.

Aquella primera espantada pudo ser dominada por el gobierno. La quinta columna se había precipitado. Se dieron órdenes terminantes para que ningún funcionario abandonase su puesto, se anularon las órdenes de evacuación que insensatamente se habían dado y se consiguió restablecer a lo menos una apariencia de normalidad en los servicios dando la impresión de que después de un momento de debilidad el gobierno se reafirmaba y se disponía a dar la batalla para la defensa de París.

Mandel, desde el Ministerio del Interior, aguijoneaba furiosamente a la policía en la represión de las actividades de la quinta columna, pero sus esfuerzos se estrellaban contra la incapacidad y la mala voluntad de sus agentes para quienes la quinta columna, formada por personas respetables, bien reputadas y con elevadas situaciones incluso en la Administración, era absolutamente inasequible. ¿Es que si el propio Abetz, creador y jefe de la quinta columna, hubiese estado en París habría habido un agente de policía francés capaz de detener a tan importante personaje? ¿Es que los agentes de la Sûreté Générale podían impunemente hacer sus incursiones en los salones de la alta sociedad parisiense y en las esferas oficiales? ¿Es que hubieran podido llevarse en calidad de agentes de la quinta columna a Madame Bonnet, esposa del exministro de Negocios Extranjeros, y aun a la propia Madame de Portes, la amiga íntima del presidente del Consejo?

No. La Policía cumplía buenamente su misión expurgando sus ficheros en los que no figuraban tan brillantes personajes y llenando los *stadiums* de Buffalo y Roland Garros con miles de pobres diablos, refugiados extranjeros, todo el residuo de humanidad que la monstruosa elaboración de los Estados totalitarios había arrojado sobre Francia, *tierra de asilo*.

La conducta de Francia en el momento de peligro con los refugiados que habían estado sirviéndola lealmente ha sido innoble. Quince días antes de que llegasen a París los alemanes he visto a la policía sacar de los departamentos ministeriales en los que prestaban servicio, a los antifascistas extranjeros que se habían hecho acreedores por su historia y sus méritos personales a la confianza del gobierno. Si no merecían esa confianza no hubieran debido estar allí. Si la merecían no hubieran debido recibir tal pago: el de entregarles codo con codo a la venganza de Hitler.

En cambio, he visto el día de la entrada de Italia en la guerra cómo los agentes de policía filofascistas fraternizaban con los italianos a quienes tenían orden de detener procurando congraciarse con los futuros amos cuyo triunfo inmediato admitían y deseaban. En fin de cuentas, los pobres agentes no hacían ni más ni menos que los señores Laval y Flandin, cuya política no era otra que la de prepararse el terreno para las recepciones que hoy les dispensa el jefe de la quinta columna *Herr* Abetz convertido por Hitler, para humillación de Francia, en embajador del Tercer Reich cerca del gobierno de Vichy.

La aviación, arma psicológica

Siguiendo su táctica habitual, a medida que sus columnas avanzaban sobre París, Hitler intensificaba la acción de sus aviones de bombardeo sobre la cintura industrial de la capital y sobre sus nudos de comunicación. Esta táctica, que habíamos visto dibujarse ya en la guerra de España, consiste en el empleo de la aviación, más que como arma de destrucción eficaz y sistemática, como instrumento de desmoralización de la retaguardia inmediata en la que se apoya el frente.

La aviación ha sido hasta ahora un arma de eficacia principalmente psicológica. Los aviones de Hitler son más temibles por el momento psicológico en que los emplea que por su potencia real de destrucción, que es mínima. La finalidad principal que con ellos persigue es provocar la evacuación de las ciudades que sirven de base a los ejércitos desorganizando como es consiguiente los servicios y privando a las tropas tanto de la regularidad de los abastecimientos como del soporte moral que representa para el soldado que está en la trinchera el tener como sólida retaguardia una ciudad cuya vida normal continúa imperturbable. Madrid pudo ser defendido por la paradoja heroica de que los soldados podían ir y venir del frente en tranvía, porque las legumbres y las verduras que había se vendían a la espalda de los parapetos y porque los carteros hacían la distribución de la correspondencia sorteando las balas y saltando por encima de las alambradas. En la guerra total que a nuestra época le ha tocado hacer, toda evacuación es el prólogo de una derrota.

Para crear en París el ambiente favorable a la derrota la aviación alemana no tuvo que esforzarse demasiado. Le bastó con un solo bombardeo más espectacular que eficaz hecho en el momento crítico. Un millar de bombas de pequeño calibre arrojadas sobre París y sus alrededores en pleno día, a la una de la tarde, bastaron para que la capital de Francia creyese que había llegado la hora de claudicar.

El efecto material de ese bombardeo fue limitadísimo. Media docena de casas destruidas, unos incendios rápidamente sofocados y en total unos doscientos cincuenta muertos bastaron para el derrumbamiento de una ciudad de cuatro millones de habitantes. Lo cierto fue que en el enorme volumen de la capital los parisienses no pudieron darse cuenta siquiera de que habían sido objeto de un ataque a fondo de la aviación enemiga. La destrucción de una casa por cada diez mil casas y la muerte de una persona por cada cinco mil personas no es un estrago que tenga volumen suficiente para provocar el movimiento de pánico colectivo que se produjo. Para conseguir ese mínimo estrago material la aviación alemana había tenido que utilizar centenares de aviones (a lo menos doscientos) y en la operación había sufrido la pérdida de veintitantos aparatos. No puede decirse que fuera una operación de resultados satisfactorios que pudiera ser repetida frecuentemente.

Los resultados del empleo de la aviación en masa contra las grandes ciudades no eran, pues, ni mucho menos, los que se temían.

Si algo se demostraba era precisamente que la potencia destructora de la aviación es infinitamente menor de lo que se supone. Cuando se habla, a tontas y locas, de la destrucción de París, Berlín o Londres por los bombardeos aéreos ¿se piensa seriamente en los miles y miles de aviones y de toneladas de explosivos que sería necesario emplear para conseguir resultados apreciables? Hoy por hoy, las masas de aviación que se pueden emplear, aun teniendo en cuenta el grado de intensificación de la producción a que últimamente se ha llegado, no permiten todavía aceptar que los efectos de sus destrucciones puedan ser decisivos en las grandes aglomeraciones. La demostración que hicieron los aviones alemanes sobre Guernica, donde concentraron en un área pequeñísima una masa de destrucción formidable a la que no se le oponía fuerza alguna de combate, no ha sido después confirmada ni en Varsovia, ni en Rotterdam, ni en París. Ni siquiera había podido ser repetida con éxito en Barcelona o Madrid. Y ahora, en Inglaterra, esto se está demostrando hasta la saciedad.

Ahora bien, si los efectos materiales son limitados, los efectos morales son inconmensurables. Hay que rendirse a la evidencia. La aviación es un arma de una eficacia psicológica formidable. Ese bombardeo único de París que hubiese hecho sonreír desdeñosamente a los madrileños, acabó virtualmente con la resistencia de la capital de Francia. Para que no fuese así hubiese hecho falta que los parisienses, en vez de hallarse favorablemente inclinados a las sugestiones catastróficas tanto por la táctica derrotista de sus dirigentes como por la acción subrepticia de la quinta columna, hubiesen tenido serenidad bastante para templar su ánimo y mirar cara a cara el peligro aéreo y medirlo exactamente. Entonces se hubiese producido el fenómeno contrario y se hubiese visto cómo los parisienses igual que hicieron los madrileños, pasado el primer momento de pavor, desaparecido el tremendo efecto psicológico de los primeros bombardeos, reanudaban su vida de siempre, con mayor o menor incomodidad y sufrimiento, con mayor o menor estrago, pero con una resolución y una moral que ya entonces serían indestructibles. Porque hay algo evidente. Lo que la aviación no consigue gracias al estupor del primer bombardeo luego no lo consigue nunca aunque su capacidad de destrucción llegue a ser aterradora. Este es el inconveniente de toda arma que sobre su eficacia verdadera cuenta con el efecto psicológico que su empleo produce.

En general, no solo de la aviación sino también de los tanques, de la *panzerdivision*, de la mina magnética, del *parachutismo*, de la quinta columna y, sin excepción, de todos los sistemas de guerra puestos en práctica por el hitlerismo se puede decir otro tanto. Sobrepasados los efectos psicológicos del terrorismo que sistemáticamente practica, su eficacia real es mínima.

París no se defiende

Esto explicaba la eficacia, que a algunos se les antoja inverosímil, de la quinta columna. Los escuadrones del pánico fueron en París maravillosamente eficaces. Sus consignas, dictadas desde Berlín, guiaban hacia el abismo a unas muchedumbres ciegas que se dejaban llevar sin oponer resistencia y sin que fuesen capaces de ninguna reacción patriótica que deshiciese aquella fatal fascinación.

Los sofismas del derrotismo eran a veces burdos y elementales pero en ocasiones alcanzaban una sutileza verdaderamente diabólica. Apenas se concretó la amenaza sobre París de las divisiones alemanas, el instinto de defensa empezó a crear una atmósfera de resistencia de la ciudad que hubiese podido ser el origen de una reacción nacional salvadora. París podía y debía ser defendido. Estratégicamente, la lucha en los arrabales de la ciudad era el único medio hábil de que el ejército francés disponía para poder aniquilar una tras otra a las divisiones alemanas motorizadas. Lo que no había sido posible en campaña rasa era técnicamente realizable en la enorme aglomeración de París teniendo en cuenta sobre todo que el ejército francés venía retirándose en perfecto orden.

El verdadero campo de batalla de la guerra moderna es la ciudad misma. Frente a la movilidad y a la concentración destructora de las divisiones blindadas es vano quererles prohibir el acceso a los campos abiertos y es inútil ponerle puertas al campo como se había pretendido hacer con la línea Maginot. En campo abierto la lucha es casi imposible. Donde se puede luchar bien es en las ciudades, en las calles, en las casas, cada una de las cuales es un elemento de defensa que en plena campaña no es posible improvisar con la profusión necesaria. Estas ideas que, según parece, responden a una concepción estratégica verdaderamente moderna, iban prendiendo en el ánimo del gobierno, las defendían muchos militares prestigiosos y empezaba a entusiasmarse con ellas la población civil de París. Henri de Kérillis clarineaba desde su periódico que la guerra se ganaría en París o no se ganaría. ¿Quién sabe si el milagro, aquel milagro en el que tenía que creer Reynaud y que era la única esperanza de salvación para Francia, podría producirse entre Saint Denis y la Porte d'Auteuil? ¿No se había producido tres años antes ese mismo milagro en la Ciudad Universitaria de Madrid?

Pero inmediatamente, con una rapidez fabulosa, se difundía por París un sofisma que esterilizaba estas veleidades de resistencia. La argucia que empujaba a Francia a entregar París sin lucha se basaba únicamente en la pseudopatriótica consideración de que sería un crimen horrendo consentir la destrucción por los alemanes de los monumentos artísticos y arqueológicos de la ciudad, exponer sus joyas arquitectónicas al peligro de los bombardeos por la insensata aventura de una defensa desesperada. Toda la beatería intelectual y todo el tartufismo burgués, obedeciendo a esta hábil sugestión de la propaganda del doctor Goebbels, se puso a derramar abundantes lágrimas de cocodrilo sobre las torres de Notre Dame como si ya las viesen derruidas por su culpa. Y con grande y trágico ademán renunciaban en aras de la civilización a la defensa de la civilización misma. París, que al trasladarse el gobierno a Tours estaba a punto de convertirse en el baluarte de Francia, era entregado sin lucha a los agentes de la circulación que Hitler mandaba en vanguardia para que lo conquistasen.

La catástrofe

La evacuación de París por el mundo oficial, la enorme balumba de los funcionarios, y las mecanógrafas con sus montañas de expedientes atados con balduque, fue un lamentable espectáculo ofrecido cínicamente al pueblo parisién cuya conformidad y resignación fueron puestas a prueba. A la puerta de los ministerios se renovaban las caravanas de autocares y automóviles oficiales que partían cargados de burócratas a quienes el miedo no quitaba, sin embargo, el aire bizarro de partir en vacaciones, un *congé payé* extraordinario en las orillas del Loira que, al aproximarse el verano, no presentaba perspectivas totalmente desagradables. Difícilmente se encontraría en circunstancias igualmente trágicas una muchedumbre tan inconsciente y frívola como la de aquellas manadas de funcionarios que escapaban despreocupados hablando en voz alta y campanuda de la *victoire* y diciendo en voz baja y confidencialmente: «*Vraiment, ce salaud de Hitler c'est un type épatant*».

En el ministerio al que me encontraba adscrito no quedaba ni un portero a partir del lunes por la tarde. Y los alemanes no llegaron a París hasta el viernes. Únicamente vagaban por los pasillos como almas en pena unos cuantos colaboradores extranjeros del departamento, italianos antifascistas, judíos de nacionalidad dudosa y raza bien acusada, y rojos españoles que habíamos sido *dejados por cuenta* a Hitler. Hubo un momento en el que pensamos reunirnos en el desierto despacho del ministro y constituir un gobierno de refugiados. Lo mismo que nosotros hubieran podido hacerlo en aquellos momentos las gentes sencillas que desde la acera de enfrente del ministerio habían estado presenciando pacientemente la fuga desvergonzada del mundo oficial.

En realidad, durante todo el lunes y la mañana del martes, cuando el pueblo de París se dio cuenta de la trágica situación en que lo habían dejado, empezó a advertirse un sentimiento de indignación que no presagiaba nada bueno. En las bocas del metro y a la puerta de los bistrots la gente que iba a su trabajo y los curiosos formaban corrillos en los que, por primera vez, no se hablaba el lenguaje convencional e hipócrita que se había oído durante toda la guerra, sino el lenguaje fuerte y amenazador del verdadero pueblo librado a sus instintos.

París, ya casi desierto, había tomado un aire siniestro. Envuelto totalmente en una densa humareda artificial, tenía una luz cernida de apocalipsis, una atmósfera cargada y espesa en la que las gentes se movían como espectros. De aquella niebla negra en la que aparecían difuminadas las siluetas de los edificios y el sol en el cénit era como un pálido disco anaranjado, surgían, igual que sombras, unas gentes asustadas que se preguntaban con angustia: «¿Qué pasa?». La guerra moderna, con sus vastas posibilidades técnicas, había preparado gracias a aquella humareda artificial, una *mise en scéne* de día de juicio final para la entrada de los alemanes en París.

No se tenía ninguna noticia de lo que pasaba fuera. Se pusieron en circulación los más absurdos y fantásticos rumores, que la gente creía a pie juntillas. Se aseguraba que Rusia había entrado en la guerra al lado de los aliados. Unas horas después, era el Japón el que había declarado la guerra a Alemania. La gente se apelotonaba en los *boulevards* ante los cafés cerrados y se estacionaba en la plaza de la Bolsa ante el edificio de la Agencia Havas pidiendo la confirmación de aquellas noticias de cuya veracidad nadie dudaba; sin embargo, cuando los redactores de Havas desde los balcones decíamos a gritos que tales noticias eran falsas se enfurecían contra nosotros y nos acusaban de derrotistas y de agentes de la quinta columna. Aun en el último instante, la ingenua esperanza en el maravilloso poder de liberación que en el mundo había sabido suscitar la *patria del proletariado* era sabiamente explotada por la propaganda nazi, que difundía arteramente tales rumores para acabar de sembrar la confusión en los espíritus.

El gobernador militar de París, general Hering, comenzó a tomar precauciones contra la revuelta que se dibujaba en el ambiente. A mediodía del martes se cerraron todos los *bistrots* y París tomó definitivamente el aspecto de una ciudad muerta con el que habían de encontrarla los alemanes. Si estos hubiesen tardado tres días más y si no hubiesen tenido perfectamente controlados por medio de su quinta columna y de los comunistas a su servicio los movimientos populares de París, tal vez habrían tenido que entrar a tiros y asaltando las barricadas de una revolución popular cuyo signo hubiera sido imposible prever.

El éxodo

El éxodo de un millón de parisienses en pos del gobierno y de los funcionarios fue algo espantoso, inenarrable. Día y noche las salidas de París estuvieron obstruidas por cuatro filas de vehículos de toda clase, cargados hasta los topes, que marchaban penosamente deteniéndose constantemente y al paso de los más lentos, los grandes y pesados carromatos que utilizan los campesinos para transportar el heno, tras los cuales habían de marchar con desesperante lentitud los potentes automóviles de la gran burguesía parisién que se ponía en salvo llevándose celosamente consigo sus riquezas transportables, la plata, los tapices, las joyas, los cuadros, hasta los muebles valiosos izados disparatadamente sobre la capota de los coches. No creo que antes de ahora se haya dado en el mundo el espectáculo formidable del éxodo de un pueblo civilizado que, con todo su progreso material y mecánico, sus aparatos de radio, sus automóviles de lujo, sus motocicletas, sus instrumentos de confort y sus riquezas daba, sin embargo, la sensación exacta de una tribu bíblica que emprendía el camino de la tierra de promisión como en las enormes migraciones legendarias de los pueblos de la antigüedad.

En los últimos momentos, el pánico colectivo de los parisienses fue tal que los que no habían podido escapar de otra manera lo hacían a pie marchando entre las filas apretadas de vehículos con sus hatillos miserables a la espalda, las mujeres empujando los cochecitos infantiles en los que habían metido sus pobres ajuares, los jóvenes pedaleando en sus bicicletas, los ancianos apoyándose en sus báculos, símbolos de otras edades que reaparecían a lo largo de la fatigosa caminata. La obsesión común de aquella enorme muchedumbre aterrorizada era alejarse, alejarse siempre, cada vez más, ganar distancia, como fuera, con los pies hinchados, a rastras si era necesario. Fue en aquellas horas espantosas cuando la masa francesa debió de pensar por primera vez que acaso hubiese sido mejor hacer la guerra que sufrirla.

La gasolina era la salvación, la vida, más preciosa que la sangre. Los que se quedaban sin gasolina en la carretera permanecían días enteros arrimados a una cuneta esperando inútilmente que entre los cientos de miles de semejantes que pasaban junto a ellos hubiese un alma caritativa que les cediese una poca. Era inútil esperarlo. El egoísmo de las gentes era feroz. Yo he visto una pobre mujer en un pequeño automóvil que se había quedado sin gasolina y llevaba ya dos días al borde del camino con tres criaturitas que lloraban incansablemente mientras pasaban a su lado cientos de miles de seres humanos que ni siquiera volvían la cabeza.

El fenómeno más curioso era la formidable capacidad de olvido y despreocupaciones de esta muchedumbre que, en unas horas, pasaba casi sin transición del sufrimiento y la desesperación más espantosos a la frivolidad y el optimismo más injustificables. Las mismas gentes que habían salido de París angustiadas y después de un viaje de pesadilla se encontraban a quinientos kilómetros habiendo perdido sus bienes, con sus familias dispersas y su patria deshecha, eran las que horas después en las terrazas de los cafés de Biarritz o San Juan de Luz charlaban y reían ante un vaso de aperitivo y no tenían más obsesión que la de encontrar un buen restaurant, una cama confortable y una persona complaciente y de buen humor con quien entregarse al goce sensual de la existencia. El hombre moderno puede pasar por penalidades terribles; pero no hay que tenerle demasiada lástima. Su facultad de inhibición es prodigiosa. Yo he visto en Biarritz entre una muchedumbre despreocupada de refugiados franceses, belgas, holandeses, polacos y judíos de todas las nacionalidades, que se creían ricos todavía porque aún les quedaban en la cartera unos fajos de billetes de banco con que pagar la cuenta del hotel, el gesto de desdeñosa incredulidad con que era acogida la noticia de que París había sucumbido: «¿Que los alemanes están en París? *Sans blague*!». Y las gentes se encogían de hombros y pedían un nuevo aperitivo.

Tours-Burdeos

Mientras Francia agonizaba en Tours, donde se reunían los ministros a altas horas de la madrugada para velar su agonía e ir constatando, impotentes, los síntomas progresivos del coma, París, con el que se había estado en comunicación telefónica hasta la madrugada del jueves al viernes, no respondía ya a las llamadas de Tours. El ejército, que hasta entonces había ido retirándose en orden y como si hubiese seguido un plan estratégico preconcebido, se había lanzado ya a la desbandada y cada soldado, tirando el fusil, huía como podía. Hasta Tours llegaban furtivamente en motocicletas y camiones, soldados y oficiales desertores que, temiendo ser fusilados si se operaba una reacción defensiva, se convertían en frenéticos sembradores de pánico.

La muchedumbre que había dormido tirada por el suelo en los alrededores de la estación se despertaba con un ansia loca de reanudar la huida hacia el sur. Se afirmaba que los parlamentarios se habían embarcado ya en Burdeos con rumbo a Canadá y se aseguraba que las divisiones alemanas continuaban avanzando hacia el Loira sin detenerse en París y estarían en Tours a la noche siguiente.

Tours se preparó para la defensa. Es decir, fue minado el puente y se colocó a su entrada un cañón de setenta y cinco. Aquello era una farsa siniestra. Bastó que la aviación alemana siguiendo su táctica hiciese una impresionante aparición sobre Tours en aquel momento psicológico para que el gobierno y sus manadas de burócratas emprendieran de nuevo el trote hacia Burdeos y tras ellos la masa ingente que venían arrastrando desde París.

Francia, cuando el gobierno llegó a Burdeos, era como una bestia herida de muerte y acorralada que busca el rincón más oculto de su guarida para echarse a morir. Era inútil todo intento de hacerla reaccionar.

La propuesta de Winston Churchill, que no era sino una oferta generosa de transfusión de sangre a un moribundo, fue rechazada con un ademán de desesperación. Francia no quería seguir viviendo, no quería seguir luchando, estaba resignada a morir. Hasta en aquel instante supremo de vida o muerte estuvo pesando sobre la fatal resolución de Francia aquella voluntad funesta de autoaniquilamiento, de suicidio, que ha presidido el triste destino de una nación que tenía derecho a ser inmortal. El último sobresalto del patriotismo francés fue para rechazar de plano el pacto de sangre que Inglaterra le ofrecía. «¿Es que vamos a dejar de ser franceses para convertirnos en súbditos de su Majestad Británica?», gritaba escandalizado por las calles de Burdeos aquel chauvinismo ciego, estúpido, que ha conducido a la esclavitud a la patria que decía amar.

En los consejos de ministros del Hôtel de Ville de Burdeos, el gobierno Reynaud, que tenía en su seno a los elementos que habían de consumar la traición de Francia a sí misma y a sus aliados, fue derribado. Vencían la ceguera insigne y la testarudez octogenaria del mariscal Pétain obsesionado por la idea siniestra de que Francia se salvaría entregando a Alemania el cadáver de la democracia. Esta idea absurda, que había sido infiltrada en las masas francesas gracias a la propaganda alemana, ha sido la causa fundamental de la caída de Francia.

«No hagamos una guerra ideológica —decían los agentes de la quinta columna—; sacrifiquemos la democracia, la libertad política y la república, si es necesario; abandonemos el lastre de nuestros compromisos con los pueblos débiles, que han sido ya arrollados, y de nuestra alianza con Inglaterra, que se niega a capitular y nos obliga a continuar la guerra para defender su imperio y a los capitalistas de la City; adoptemos la doctrina que ha hecho poderoso al adversario y los métodos que le llevan a la victoria; entremos en la órbita de las potencias totalitarias y Francia no perecerá. El equilibrio de las potencias totalitarias en Europa exige la supervivencia de una Francia fuerte. Aun aceptando la hegemonía alemana, Francia, Italia y España, identificadas, tendrán su *place au soleil* si llegan a formar un solo bloque totalitario en el Mediterráneo, de donde la Gran Bretaña tiene que ser eliminada. Este bloque, andando el tiempo, podrá ser el único contrapeso eficaz de las ambiciones germánicas en Europa, dando por supuesto que la Alemania hitleriana se niegue definitivamente a cumplir la misión providencial para la que había sido creada, la invasión de Rusia y el aniquilamiento del bolcheviquismo. Si el Imperio británico, por su parte, quiere seguir la guerra hasta la exterminación del nazismo, allá él con sus intereses. Nosotros podemos someternos y nuestra sumisión nos salva. Si Hitler vence a Inglaterra habremos sido los colaboradores más eficaces de su triunfo y ocasión habrá de cotizarlo. Si Inglaterra vence a Hitler, con la victoria de la democracia británica recobraremos nuestra libertad sin haber tenido que pagar el duro rescate de un millón de vidas que hoy se nos exige por ella».

Esta fue la plataforma de la quinta columna. Esto fue lo que arrastró a los patriotas franceses a la traición. Y esto fue lo que triunfó en Burdeos el domingo 16 de junio de 1940 en medio de una muchedumbre indiferente que llenaba los jardincillos del Hôtel de Ville viendo entrar y salir a los ministros con frívola curiosidad mientras las columnas alemanas llegaban a las orillas del Loira sin encontrar resistencia. Y aquella misma noche el mariscal Pétain empezaba a encarcelar a los hombres de espíritu liberal, a perseguir a los judíos, a maldecir a los demócratas y a pronunciar discursos contra las *plutodemocracias*. ¡Pétain!

El nudo de la tragedia

La caída de Francia no es, sin embargo, el drama lamentable de un pueblo cobarde que no ha querido batirse. No. Francia, durante los meses de la guerra, que han sido su agonía, lucha, no contra el enemigo exterior, sino consigo misma. El proceso de su caída es una verdadera tragedia con todos los elementos de la tragedia clásica. Es la lucha de lo consciente contra lo inconsciente, del hombre contra el mito, del héroe contra la divinidad. Nuestra época, por extraño que nos parezca, es gran creadora de mitos y este del Estado totalitario, del Estado-Moloch, ha sido la divinidad bárbara a la que Francia ha sido sacrificada por sus propios hijos.

El nudo de esta tragedia de Francia radica en la sugestión fatal que sobre el hombre francés contemporáneo han ejercido esos mitos bárbaros que tenía que combatir, no ya porque combatirlos fuera su deber moral de ser civilizado, sino porque para seguir existiendo físicamente tenía que vencerlos, ya que esa divinidad del totalitarismo solo había sido creada en su daño y para su perdición. Esta lucha interior que se desarrolla entre su conciencia de pueblo culto, ni un solo momento adormecida, y la fascinación que sobre él han ejercido las fuerzas de destrucción puestas en juego para aniquilarle, es lo que provoca el patético desgarramiento interior en el que Francia sucumbe.

Francia había llegado a enamorarse de su verdugo. Esta aberración, que en el ser humano aislado no es más que un caso de perversión sexual, al dominar a un pueblo y sobre todo a un pueblo superior como el de Francia, ha dado origen a una de las tragedias más hondas de la historia.

Tragedia, naturalmente, sin solución, sin más desenlace posible que el aniquilamiento del protagonista. Porque, a pesar de la fascinación que ha padecido, el pueblo francés, en el fondo de su conciencia insobornable, sabe que en ese mito bárbaro del totalitarismo al que se ha sacrificado, no hay nada, absolutamente nada más que una rudimentaria y bestial expresión biológica. Francia sabe, y no ha podido olvidarlo, que hasta ahora no se ha descubierto ninguna forma de convivencia humana superior al diálogo, ni se ha encontrado un sistema de gobierno más perfecto que el de una asamblea deliberante, ni hay otro régimen de selección mejor que el de la libre concurrencia: es decir; la paz, la libertad, la democracia.

En el mundo no hay más.